exercices

L'ALLEMAND

de A à Z

JEAN JANITZA
Professeur à l'université Paris III
GUNHILD SAMSON
Maître de conférences à l'université Paris III

HATIER

AVANT-PROPOS

Complément indispensable de *L'allemand de A à Z*, les *Exercices A à Z* s'adressent à tous ceux qui souhaitent évaluer leurs connaissances et améliorer leurs compétences linguistiques. Ils comportent :

- un test d'orientation,
- 18 unités grammaticales proposant 180 exercices,
- 18 évaluations,
- les corrigés de tous les exercices.

Le **test d'entrée** se présente sous forme d'un QCM de 85 questions. Il permet d'identifier des lacunes et de guider l'utilisateur grâce aux deux types de renvois qui figurent dans le corrigé du test :

- les renvois à la référence *L'allemand de A à Z*, pour les explications grammaticales,
- les renvois au chapitre concerné des *Exercices A à Z*, pour l'entraînement.

Les **exercices**, organisés de manière progressive, portent chacun sur un point de grammaire particulier. Pour chaque exercice sont indiquées les sections de *L'allemand de A à Z* auxquelles il renvoie.
Ils permettent des révisions et un apprentissage systématique ou ponctuel, individuel ou collectif.
Ils sont souvent centrés sur des domaines de la vie courante et ils abordent des questions d'actualité.
Ils sont accompagnés de **boîtes d'aide lexicale**, pour faciliter la compréhension d'un vocabulaire actuel.

Les **évaluations**, signalées par des bandeaux gris en marge, permettent de confirmer la bonne compréhension des points de grammaire concernés.

Quelques abréviations :

etw.	etwas
jm	jemandem (datif)
jn	jemanden (accusatif)

© HATIER - PARIS -1994 ISSN : 1140-0048 ISBN : 978-2-218-74568-3

S O M M A I R E page

A à Z

Que savez-vous ?

Choisissez la bonne solution.

1. ... Tisch
A der B die C das

2. Peter hat mich ..., ihn vom Bahnhof abzuholen.
A gebetet B geboten C gebeten

3. Mein Zug fährt in einer halben Stunde. Ich ... jetzt gehen.
A soll B muß C kann

4. ... sein Vater starb, war Klaus acht Jahre alt.
A wenn B als C nachdem

5. Uwe ist und bleibt ... Freund.
A meinen guten B mein guter C meiner gute

6. Unser Deutschlehrer hat uns eine neue Grammatik ...
A empfahlen B empfohlen C empfehlen

7. ... handelt dieser Roman?
A wovon B womit C worum

8. Der Direktor hat die neue Sekretärin freundlich ...
A empfangen B empfingen C empfängt

9. Um wieviel Uhr bist du ... deiner Arbeit fertig?
A bei B von C mit

10. Lisa interessiert sich sehr ... italienische Malerei.
A an die B auf die C für die

11. Ich muß ... Plan noch nachdenken.
A über den B an den C über dem

12. Weißt du, … Peter aus Italien zurückkommt?
A wann **B** als **C** wenn

13. … Gepäck
A der **B** die **C** das

14. Ich freue mich … Besuch.
A für deinen **B** über deinen **C** an deinen

15. Man sagt, er sei ein guter Arzt. Er … ein guter Arzt sein.
A will **B** muß **C** soll

16. Das Haus ist beim Erdbeben … .
A zerstört worden **B** zerstört werden **C** zerstört geworden

17. Es ist verboten, im Klassenzimmer zu rauchen.
Im Klassenzimmer … geraucht werden.
A kann nicht **B** muß nicht **C** darf nicht

18. … Freiheit
A der **B** die **C** das

19. Meiers haben ihr Haus völlig … .
A umgebaut **B** umgebauen **C** umbaut

20. Raum
A Raume **B** Räume **C** Räumer

21. Elke hat im Sommer eine Reise nach Afrika … .
A untergenommen **B** unternommen **C** unternehmen

22. Nuß
A Nüße **B** Nüsse **C** Nusse

23. … Auto ist schon wieder kaputt.
A unser neuer **B** unser neues **C** unser neue

24. Ich weiß nicht, was ich … .
A machen soll **B** zu machen soll **C** machen zu soll

25. Habt ihr im Sommer … Freunde besucht ?
A eure deutschen **B** euer deutschen **C** euren deutschen

26. Inge kommt … Montag zu uns.
A im **B** am **C** zum

27. Isabelle kennt viele ... .
A Deutschen B Deutsche C Deutscher

28. Die Rede ... Präsidenten war überzeugend.
A unser neuen B unseres neuen C unser neues

29. ... Weihnachten fahren wir in die Alpen.
A zu B am C im

30. Hund
A Hunde B Hünde C Hünden

31. Fährst du heute ... Onkel ?
A bei deinem B zu deinem C nach deinem

32. Ich muß sofort ... Hause fahren.
A zu B nach C bei

33. ... Gerd nach Berlin fuhr, ging er immer in die Philharmonie.
A wenn B als C seitdem

34. Der Brief ... gestern abgeschickt.
A hatte B wurde C wird

35. Gestern war ich ... Freundin.
A bei meiner B zu meiner C an meiner

36. Paul kennt sich ... dieser Stadt gut aus.
A mit B an C in

37. An diesem Tag ... er gelogen.
A hatte B war C wurde

38. Wenn du ... , wie schwer das war!
A wissest B wußtest C wüßtest

39. Die Reise, ... ich mich gut erinnere ...
A an die B zu der C auf die

40. Er sah aus, als ... er weggehen.
A willt B will C wolle

41. Er kommt ... .
A wahrscheinlich nicht B nicht wahrscheinlich
C unwahrscheinlich

42. Jochen fährt im Dezember … Schweiz.
A nach B nach der C in die

43. Ich habe Ihnen für Ihre Karte aus Deutschland noch nicht … .
A gedanken B gedankt C gedenken

44. … Felix sein Bier getrunken hatte, ging er weg.
A während B nachdem C seitdem

45. Hemd
A Hemden B Hemde C Hemder

46. Wo … du ihm begegnet ?
A hast B wirst C bist

47. Er hatte die Flasche … .
A umworfen B umgeworfen C umwerfen

48. Ich bin … dankbar dafür.
A ihn B auf ihn C ihm

49. Habt ihr … schon einmal gesehen ?
A sich B euch C euer

50. Ich habe Paul, Rita und ... Schwester getroffen.
A dessen B deren C der

51. Kind
A Kindern B Kinder C Kinde

52. Dein Vater hat es dir erlaubt; ich habe … noch nicht gefragt, ob er einverstanden ist.
A meinem B meiner C meinen

53. Bist du böse … … ?
A auf mir B über mir C auf mich

54. Was ich mir wünsche: einen zuverlässigen Partner … .
A gleichen Alters B gleiches Alter C gleiches Alters

55. Ich gebe ... erst morgen.
A dir es B es dir C es dich

56. Ich mußte … … Reise verzichten.
A auf dieser B auf diese C mit dieser

57. Gestern … ich nicht einschlafen.
A kann B konnte C könnte

58. Er hat sich beim Skifahren das Bein ... .
A gebracht B gebrechen C gebrochen

59. Hat er … zugehört ?
A dich B dir C zu dir

60. Paß … Kleinen auf !
A auf den B auf dem C zu dem

61. Der Mont Blanc ist … als die Zugspitze.
A höcher B höchster C höher

62. Er gratulierte … seinem Geburtstag.
A ihn für B ihm zu C ihn zu

63. Sag ihm, daß er nicht … braucht.
A wiederkommen B zu wiederkommen
C wiederzukommen

64. Er hatte mir eine Zigarette … .
A angebeten B anboten C angeboten

65. Sie unterhalten sich … Fernsehsendung.
A auf die B über der C über die

66. Ich habe vergessen, ihn … .
A anzurufen B anrufen C zu anrufen

67. Man sagt, … ein intelligenter Mensch.
A er wäre B er sei C seie

68. Ich bringe dir morgen das Buch. Ich bringe … .
A dir es morgen B es dir morgen C dir morgen es

69. Er ging ins Büro, … er krank war.
A trotz B dennoch C obwohl

70. Meine Freunde, … Eltern verreist sind …
A dessen B denen C deren

71. Wald
A Walden B Wälde C Wälder

72. Gestern hat Heike ... Lateinbuch verkauft.
A ihres alte **B** ihr alter **C** ihr altes

73. Obwohl er sehr alt ..., geht er spazieren.
A sei **B** wäre **C** ist

74. Deine Arbeit ist ... als meine.
A besser **B** bester **C** die beste

75. Beinahe ... ich hingefallen.
A bin **B** sei **C** wäre

76. Der Patient ist vom Arzt ... worden.
A untergesucht **B** untersuchen **C** untersucht

77. Mich ... es die ganze Zeit.
A frierte **B** fror **C** war kalt

78. Ich weiß nicht mehr, wie er ... hat.
A geheißen **B** gehießen **C** geheißt

79. Peter kann nicht kommen, ... er ist krank.
A weil **B** da **C** denn

80. Er kommt ... .
A leider nicht zu uns **B** nicht leider zu uns
C zu uns leider nicht

81. Platz
A Plätze **B** Platzen **C** Plätzen

82. Welches ist der ... Berg in Deutschland ?
A höchste **B** höhere **C** mehr hohe

83. Meine Freundin, ... ich geholfen habe, ...
A an die **B** der **C** die

84. Heute nacht, ... das Gewitter ausbrach, ...
A nachdem **B** wenn **C** als

85. Wenn sie heute ..., würde ich mich freuen.
A kommt **B** käme **C** komme

SCORE: / 85

Réponses

Solution	Entraînement*	AZ**
1. A	1. 3	105
2. C	7.9 - 7.14	263
3. B	11.1 - 11.6	147
4. B	18.6 - 18.8	20, 70
5. B	3.1 - 3.2 / 3.9 - 3.11	7
6. B	7.9 - 7.14	263
7. A	5.1 - 5.2 / 6.3 - 6.4	218
8. A	7.9 - 7.14	263
9. C	5.4 - 5.5	216
10. C	5.1 - 5.2	218
11. A	5.1 - 5.2	218
12. A	18.9	125
13. C	1.1	105
14. B	5.1 - 5.2	218
15. C	11.7 - 11.8	233
16. A	10.1 - 10.3	180, 181
17. C	11.1 - 11.6	83, 181
18. B	1.1	105
19. A	12.7 - 12.9	203
20. B	2.1	184, 185
21. B	12.7 - 12.9	203
22. B	2.2	184, 185
23. B	3.9 - 3.11	7
24. A	13.3 - 13.7	281, 282
25. A	3.9 - 3.11	7
26. B	4.6 - 4.8	244 - 246
27. B	3.12 - 3.13	8
28. B	3.9 - 3.11	7
29. A	4.6 - 4.8	244 - 246
30. A	2.1	184, 185
31. B	4.3 - 4.5	193
32. B	4.3 - 4.5	193
33. A	18.7 - 18.8	20, 70
34. B	10.1 - 10.3	180, 181
35. A	4.3 - 4.5	193
36. C	5.1 - 5.2	218
37. A	7.1 - 7.3	110
38. C	8.1 - 8.3	236
39. A	5.1 - 5.2	218

* Ces numéros renvoient aux exercices dans ce cahier.
** Ces numéros renvoient aux fiches dans *Pratique de l'allemand de A à Z.*

40. C	8.7 - 8.8	238
41. A	14.7	168
42. C	4.3 - 4.5	160, 193
43. B	7.5 - 7.8	263
44. B	18.13	20, 70
45. A	2.3	184, 185
46. C	7.1 - 7.3	110
47. B	12.7 - 12.9	203
48. C	5.4 - 5.5	216
49. B	6.1 - 6.2	206
50. B	6.6	204
51. B	2.3	184, 185
52. C	6.5	209
53. C	5.4 - 5.5	216
54. A	3.12 - 3.13	7
55. B	6.1 - 6.2	208
56. B	5.1 - 5.2	218
57. B	7.4 / 11.1 - 11.6	133, 265
58. C	7.9 - 7.14	263
59. B	5.1 - 5.2	218
60. A	5.1 - 5.2	218
61. C	16.3 - 16.4	64
62. B	5.1 - 5.2	218
63. C	13.3 - 13.7	196, 281
64. C	7.9 - 7.14 / 12.4 - 12.6	174, 196
65. C	5.1 - 5.2	218
66. A	13.3 - 13.7	196, 281
67. B	9.3 - 9.10	81
68. B	6.1 - 6.2	208
69. C	18.25	70
70. C	6.7 - 6.8 / 17.2 - 17.4	210
71. C	2.1	184, 185
72. C	3.9 - 3.11	7
73. C	18.25 - 18.26	70
74. A	16.1 - 16.4	64
75. C	8.5 - 8.6	238
76. C	12.7 - 12.9	203
77. B	7.9 - 7.14	263
78. A	7.9 - 7.14	263
79. C	18.1 - 18.3 / 18.14 - 18.17	69, 70
80. A	14.7	168
81. A	2.1	184, 185
82. A	16.6 - 16.7	241
83. B	6.7 - 6.8 / 17.1	210, 218
84. C	18.6 - 18.8	20, 70
85. B	8.9 - 8.10	238

Pour progresser

1 Le genre du nom

1. Indiquez l'article défini der, die ***ou*** das. *(AZ 105)*

Le genre des noms demandés ci-dessous se déduit automatiquement d'après la forme du nom.

1. ... Landschaft
2. ... Zeitung
3. ... Freiheit
4. ... Major
5. ... Politiker
6. ... Kommunismus
7. ... Kommunion
8. ... Komödie
9. ... Wandern
10. ... Gerechtigkeit
11. ... Reisen
12. ... Journalist
13. ... Haltung
14. ... Bäckerei
15. ... Regiment
16. ... Büchlein
17. ... Kavalier
18. ... Optimist
19. ... Viertel
20. ... Datum
21. ... Abonnement
22. ... Wägelchen
23. ... Aktionär
24. ... Neurose
25. ... Schöpfung
26. ... Qualität
27. ... Distanz
28. ... Eigentum
29. ... Gespräch
30. ... Friseur

2. Indiquez l'article défini der, die ***ou*** das. *(AZ 105,113)*

Le genre des noms demandés ci-dessous se déduit d'après leur sens.

1. ... Winter *(hiver)*
2. ... Blei *(plomb)*
3. ... Pappel *(peuplier)*
4. ... Sieben *(le sept)*
5. ... Donnerstag *(jeudi)*
6. ... E *(la lettre E)*
7. ... See *(lac)*
8. ... Mark *(moëlle épinière)*
9. ... Kiefer *(mâchoire)*
10. ... Gehalt *(salaire)*
11. ... Steuer *(volant)*
12. ... See *(mer)*

13. ... Band *(volume)*
14. ... Steuer *(impôt)*
15. ... Erbe *(héritage)*
16. ... Kupfer *(cuivre)*
17. ... Schild *(pancarte)*
18. ... Pfennig *(le pfennig)*
19. ... Oktober *(octobre)*
20. ... Kiefer *(pin)*

3. *Indiquez l'article défini* der, die ***ou*** das. *(AZ 105)*

Le genre des noms demandés ci-dessous demande à être appris par coeur ; aidez-vous du dictionnaire. Les équivalents en français des mots suivants ont un genre différent en allemand.

1. ... Tisch
2. ... Sonne
3. ... Papier
4. ... Mitte
5. ... Mittel
6. ... Möbel
7. ... Leben
8. ... Glas
9. ... Teller
10. ... Gabel
11. ... Löffel
12. ... Hemd
13. ... Tod
14. ... Auto
15. ... Kostüm
16. ... Hose
17. ... Schuh
18. ... Haus
19. ... Ente
20. ... Pferd
21. ... Butter
22. ... Milch
23. ... Salz
24. ... Rad
25. ... Dach
26. ... Apfel
27. ... Bein
28. ... Kopf
29. ... Stirn
30. ... Katze
31. ... Trommel
32. ... Turm
33. ... Schiff
34. ... Fahrrad
35. ... Öl
36. ... Nummer
37. ... Auge
38. ... Mauer
39. ... Regen

4. *Indiquez l'article défini* der ***ou*** die. *(AZ 105)*

Les équivalents en français des mots suivants ont un genre identique en allemand.

1. ... Backe
2. ... Hund
3. ... Schwan
4. ... Vogel
5. ... Finger
6. ... Tochter
7. ... Farbe
8. ... Birne
9. ... Arm
10. ... Fuß
11. ... Blume
12. ... Fisch
13. ... König
14. ... Kuh
15. ... Schnur
16. ... Regenschirm
17. ... Sand
18. ... Knopf
19. ... Uhr
20. ... Sack
21. ... Wein
22. ... Schrift
23. ... Preis
24. ... Pilz
25. ... Paß
26. ... Note
27. ... Nerv
28. ... Nagel
29. ... Nadel
30. ... Nacht
31. ... Rücken
32. ... Säule
33. ... Fluß
34. ... Flöte
35. ... Löwe
36. ... Käse
37. ... Hammer
38. ... Kuchen
39. ... Tag

2 Le pluriel du nom

LE PLURIEL DES MASCULINS FORTS

1. Mettez une croix dans la case correspondant à la marque correcte. *(AZ 184 -186)*

	¨	¨e	¨er	-e	-er	-n	-en	-s
1. Stuhl								
2. Anfang								
3. Name								
4. Gast								
5. Arbeiter								
6. Fisch								
7. Hut								
8. Jäger								
9. Tag								
10. Irrtum								
11. Wald								
12. Hafen								
13. Staat								
14. Schuh								
15. Park								
16. Bruder								
17. Arm								
18. Scheck								
19. Punkt								
20. Mann								
21. Streit								
22. Haufen								
23. Stich								
24. Schlüssel								
25. Pantoffel								
26. Löffel								
27. Schuß								
28. Preis								
29. Platz								
30. Kuß								

2. Mettez une croix dans la case correspondant à la marque correcte. *(AZ 184 - 186)*

	¨-	¨e	-en	-n
1. Hand				
2. Tochter				
3. Stadt				
4. Tür				
5. Farbe				
6. Gondel				
7. Maus				
8. Waffe				
9. Waffel				
10. Bücherei				
11. Uhr				
12. Zeitung				
13. Hose				
14. Feder				
15. Figur				
16. Folge				
17. Formel				
18. Frucht				
19. Gans				
20. Gewerkschaft				

3. Mettez une croix dans la case correspondant à la marque correcte. *(AZ 184 - 186)*

	-er	¨er	-e	-s	-en	-e	-s	-
1. Bett								
2. Hemd								
3. Mädchen								
4. Verb								
5. Gefühl								
6. Rad								

	-er	¨er	-e	-s	-en	-e	-s	-
7. Tier								
8. Auto								
9. Ziel								
10. Messer								
11. Jahr								
12. Element								
13. Dach								
14. Beispiel								
15. Volk								
16. Zeichen								
17. Brot								
18. Feld								
19. Kleid								
20. Bein								

É V A L U A T I O N 1

Donnez le genre et le pluriel des noms suivants.

1. … Glas …
2. … Gefühl ...
3. … Zeichnung ...
4. … Spiel ...
5. … Fuß...
6. … Monat ...
7. … Ball...
8. … Übung ...
9. … Kind ...
10. … Land …
11. … Wagen ...
12. … Auto ...
13. … Tasche ...
14. … Freundin ...
15. … Geschenk ...
16. … Zimmer ...
17. … Zeitschrift ...
18. … Brief ...
19. … Baum ...
20. … Stunde ...
21. … Lehrer ...
22. … Gabel ...
23. … Photo ...
24. … Bruder ...
25. … Stern...
26. … Gruß ...
27. … Fehler ...
28. … Frau ...
29. … Mädchen ...
30. … Student ...

3 Les cas et les fonctions

LE GROUPE NOMINAL AU NOMINATIF

1. Complétez par les marques éventuellement manquantes. *(AZ 13, 14, 30, 31, 156)*

1. Ein... Freund aus Düsseldorf hat mich eingeladen.
2. Er ist d... Sohn eines berühmten Architekten.
3. Sein... Eltern wohnen ganz in der Nähe.
4. Mein... Koffer ist zu schwer.
5. D... Reise kostet viel Geld.
6. D... Zug hatte eine Stunde Verspätung.
7. Es war ein... Schnellzug.
8. Mein... Freund hat mich am Bahnhof abgeholt.
9. Sein... Freundin war auch dabei.
10. Sein... Auto hatte eine Panne.

2. Traduisez. *(AZ 13, 14, 30, 31,156)*

1. Où est garée votre voiture ?
2. Où est le dictionnaire ?
3. Où habite votre soeur ? *(forme de politesse)*
4. Où sont les timbres ?
5. Où est la piscine ?

LE GROUPE NOMINAL À L'ACCUSATIF

3. Complétez par les marques éventuellement manquantes. *(AZ 4, 13, 14, 30, 31)*

1. Gestern habe ich ein... Mantel gekauft.
2. Morgen kaufe ich ein... Kleid.
3. Ich habe kein... Platz gefunden.
4. Ich suche ein... Spiegel.
5. Habt ihr schon unser... Haus gesehen ?
6. Schreib doch jetzt kein... Roman !
7. Sie haben sich endlich ein... Computer gekauft.
8. Wo habt ihr dies... Zelt gekauft ?
9. Ich habe mein... Uhr vergessen.
10. Zu Weihnachten bekomme ich ein... Geige.

4. Traduisez. *(AZ 4, 13, 14, 30, 31)*

1. As-tu retrouvé le livre ?
2. Peux-tu m'apporter cette chaise ?
3. Quel film as-tu vu hier soir ?
4. Quels pays connais-tu ?
5. Quels animaux préfères-tu ?

LE GROUPE NOMINAL AU DATIF

5. Complétez par les marques éventuellement manquantes. *(AZ 13,14, 30, 31, 75)*

1. Was macht er ? - Er schreibt sein... Freundin.
2. Weiß Herr Boote Bescheid ? - Ja, Peter hat sein... Vater alles erklärt.
3. Wem hat sie das Buch geschenkt ? - Ihr... Nichte.
4. Was hat er dann gemacht ? - Dann hat er d... Polizisten eine Zigarette angeboten.
5. Wem hast du dein Fahrrad geliehen ? - Mein... Freund Alois.
6. Wem hast du die Zeitung gegeben ? - D... Oma.
7. Wem soll ich den Ball geben ? - D... zwei Kindern dort.
8. Was hast du gesagt ? - Du solltest dein... Eltern schreiben.
9. Wem will er diesen Teppich schenken ? - Sein... Mutter.
10. Wem hast du das gesagt ? - D... Lehrer.

6. Traduisez. *(AZ 13, 14, 30, 31, 75)*

1. J'ai donné un bouquet de fleurs à nos voisins.
2. As-tu déjà écrit au directeur ?
3. J'ai conseillé à ton ami de lire d'abord ce livre.
4. Je l'ai présentée à mon père.
5. Donne le morceau de pain au chien.

présenter qn à qn : jn jm vorstellen

7. Complétez par les marques éventuellement manquantes. *(AZ 13,14, 30, 31,103)*

1. Ich war noch nicht in der Wohnung mein... Bruder... .
2. Die Räume unser... Wohnung... sind ziemlich groß.
3. Die Heizung d... Wohnwagen... nimmt wenig Platz ein.
4. Die Besichtigung d... Stadtzentrum... ist heute nicht möglich.
5. Erkennst du nicht die Stimme dein... Onkel... ?

8. Traduisez. *(AZ 13, 14, 30, 31, 103)*

1. Je n'ai pas retrouvé la lettre de ton ami.
2. Quelle est l'adresse de ta banque ?
3. Quel est le numéro de son appartement ?
4. J'ai emprunté l'ordinateur de notre voisin.
5. N'as-tu pas oublié le cadeau pour sa soeur ?

É V A L U A T I O N 2

Complétez par la marque qui convient :
Ø, -e, -er, -em, -en ***ou*** -es.

1. Die Schallplatte habe ich mein... Vater geschenkt.
2. Er hat sich ein... Motorrad gekauft.
3. Du solltest dies... Gedicht auswendig lernen.
4. Ich habe d... Zug verpaßt.
5. Ich habe die Bekanntschaft ein... Österreichers gemacht.
6. D... Krimi war spannend.
7. Mein... Eltern sind heute abend bei Freunden.
8. Der Bau d... Einkaufszentrums hat noch nicht begonnen.
9. Gib mir mal ein... Buch !
10. Er kann sein... Tochter leider nicht helfen.

9. A quel type appartiennent les groupes suivants ? Cochez la bonne réponse. *(AZ 7,107)*

	type 1	type 2
1. meine braunen Schuhe		
2. sein bester Freund		
3. die schwarze Katze		
4. jeder zweite Montag		
5. schönes Obst		
6. alle leeren Flaschen		
7. ein großes Haus		
8. das blaue Hemd		
9. seinen schwarzen Pullover		
10. dem jungen Mann		
11. meiner jüngsten Schwester		
12. eines ehemaligen Freundes		
13. welches weiße Auto		
14. den großen Garten		
15. dieser langweiligen Ferien		

10. Complétez les marques éventuellement manquantes et indiquez le type dans les parenthèses. *(AZ 7, 107)*

1. Unser... best... Freund (   ) wohnt seit letztem Jahr in Berlin.
2. Ich habe ein... sehr nett... Chef (   ).
3. Habt ihr ein... deutsch... Familie (   ) für euren Sohn gefunden ?
4. Sehr geehrt... Damen und Herren (   ) !
5. Ich habe ein... sehr interessant... Arbeit (   ) gefunden.
6. Ich habe ein... groß... Zimmer (   ) mit Dusche.
7. Ich habe genau d... gleich... Mantel (   ) wie er.
8. Ich höre lieber klassisch... Musik (   ).
9. Er hat blau... Augen (   ).
10. D... ganz.... Arbeit (   ) war umsonst.

11. Traduisez. *(AZ 7, 107)*

1. J'ai oublié ma valise marron dans le train.
2. Je n'ai pas trouvé de chaussures moins chères.
3. J'ai fait un faux numéro.
4. Notre ancien téléviseur est à la cave.
5. Quelle grammaire anglaise as-tu achetée ?

LE GROUPE NOMINATIF AVEC ADJECTIF DE TYPE 2

12. Complétez par les marques manquantes. *(AZ 7, 107)*

1. Nordsee. Geräumig... Ferienwohnung mit kleinem Garten für 2-4 Personen, frei vom 23.7 - 8.10. Tiere jeglich... Art nicht erlaubt.
2. Jütland. Schön... Privathäuser am Meer frei.
3. Deutsch... Ehepaar vermietet in reizvoller Landschaft Ferienwohnungen in Schloßnebengebäuden.
4. Südsardinien. Glasklar... Wasser. Malerisch... Villa in altem Obstgarten am Meer.
5. La Palma. Zufrieden... Kunden sprechen für uns. Herrlich... Bungalows in traumhafter Lage.

geräumig : spacieux
reizvoll : charmant
malerisch : pittoresque
herrlich : magnifique

13. Traduisez. *(AZ 7, 107)*

1. A vendre : belle maison dans les Alpes.
2. Il aime bien écouter de la musique classique.
3. J'ai acheté du poivre blanc.
4. Jeune femme cherche emploi de serveuse.
5. Je vais à Hambourg au début de la semaine prochaine.

le poivre : der Pfeffer
la serveuse : die Kellnerin

Complétez par les marques éventuellement manquantes et indiquez le type.

	type 1	type 2
1. Unsere Nachbarin hat zwei hübsch... Töchter.		
2. Lieb... Herr Schmidt!		
3. Sein... beid... Söhne studieren in Bonn.		
4. Ich finde mein...blau... Hemd nicht.		
5. Er hat kein... bös... Wort gesagt.		
6. Warum fürchtest du dich, lieb... Kind ?		
7. D... ältest... Sohn habe ich ein Buch geschenkt.		
8. Unser... jüngst... Sohn lebt in Amerika.		
9. Habt ihr schon eur... neu... Wagen ?		
10. Es war einmal ein... jung... Witwe.		

die Witwe : la veuve

4 Les cas et les prépositions

1. Complétez par les marques éventuellement manquantes. *(AZ 189,190,191)*

1. Sie wohnt bei ihr... Tante.
2. Er ist mit sein... Freund in die Stadt gefahren.
3. Diese Schallplatte habe ich für mein... Vater gekauft.
4. Während d... Osterferien fahren wir in die Schweiz.
5. Nach ein... halb... Stunde war er mit sein... Aufgaben fertig.
6. Lauf doch nicht so um d... Autos herum !
7. Trotz d... schlecht... Wetter... ist er bis um drei in der Stadt geblieben.
8. Sie sind ohne ihr... groß... Hund ans Meer gefahren.
9. Dieser Tisch stammt aus d... achtzehnt... Jahrhundert.
10. Seit d... sechzehnt... Jahrhundert gibt es hier keine Kirche mehr.

2. Traduisez. *(AZ 189 - 192)*

1. Il est parti en voiture sans sa fille.
2. Elle habite encore chez ses parents.
3. Pour qui as-tu acheté cette carte ?
4. Depuis la semaine dernière il pleut sans cesse.
5. As-tu entendu parler de ce scandale ?

3. Construisez des phrases sur le modèle ci-dessous.
(AZ 80, 139, 192)
Ex. : Stadt → Komm, wir fahren in die Stadt !
(Attention à la préposition !)

1. Deutschland : ...
2. Land : ...
3. Schwarzwald : ...
4. Bodensee : ...
5. Mittelmeer : ...
6. Alpen : ...
7. Italien : ...
8. Elsaß : ...
9. Krankenhaus : ...
10. Petra : ...

4. Construisez des phrases sur le modèle ci-dessous.
(AZ 80, 139, 192)
Ex. : Türkei → Warst du schon einmal in der Türkei ?

1. Moskau : ...
2. Tegernsee : ...
3. Tiergarten : ...
4. Deutschland : ...
5. Michael : ...
6. Kreta : ...

5. Complétez par des prépositions. *(AZ 80, 139, 192)*

Auslandsreisen oder Urlaub in Deutschland

1. Der kürzeste Weg ... Schweden
2. Begegnungen ... China
3. Traumstrände ... Nordosten Brasiliens
4. Segeln ... Holland
5. Farbenprächtiger Oktober ... der lieblichen Provence
6. Atme auf ... Schleswig-Holstein !
7. Weinprobe ... Elsaß
8. Goldener Herbst ... Tirol
9. Spätsommer ... südlichen Kärnten
10. Erfolgreich abnehmen ... Lanzarote

aufatmen : reprendre haleine **abnehmen :** maigrir

6. Complétez par les marques manquantes.
(AZ 244 - 248)

1. Sie geht jed... Dienstag auf den Markt.
2. Letzt... Woche hat sie einen Unfall gehabt.
3. Das dauert d... ganz... Tag.
4. Heute haben wir Samstag, d... 8. Dezember.
5. Nächst... Sommer fahre ich in die Türkei.
6. Sie arbeitet d... ganz... Nacht.
7. Er ist am 5. Juli gestorben ; ein... Monat zuvor war er noch in Italien.
8. Wie lange bleibst du in Deutschland ? Ein... Monat ?
9. Ich habe ein... Tag warten müssen, bis ich die Antwort bekam.
10. Vorig... Woche war ich in Belgien.

7. Rétablissez le texte non condensé des télégrammes suivants. *(AZ 244 - 248)*
Ex. : Ankomme Dienstag, 26. Mai, 10 Uhr, Inge.
→ Ich komme am Dienstag, dem 26. Mai, um 10 Uhr an. Inge.

1. Ankomme Sonntag, 3. September, 8 Uhr, Paul.
2. Reise verschoben, komme Juni, Ende der zweiten Woche, Herbert.
3. Zug verpaßt, ankomme übermorgen 19.30 Uhr, Hilde.
4. Mutter gestorben, Beerdigung 4. Juli, 17 Uhr, Claudia.
5. Ankomme Freitag, 22. Januar, Mittag, Stefan.

8 . A l'aide du graphique suivant composez des phrases en allemand. *(AZ 244 - 248)*
Anteil der Nichtwähler bei Bundestagswahlen

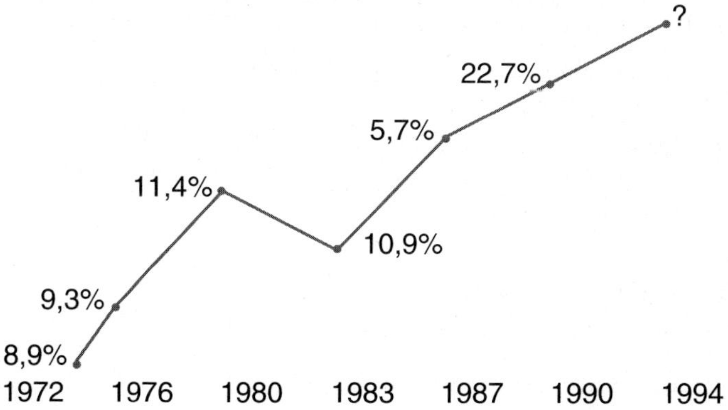

1. En 1972 ... :
2. En 1976... :
3. En 1990 ...
4. De 1972 à 1983 ... :
5. A partir de 1987... :
6. En 1994 ... :

9. Complétez par des prépositions de temps ou de lieu.
(AZ 190 - 193, 244 - 247)

Kultureller Widerstand

... Osten soll ein Schloß gebaut werden, ... Westen steht ein Theater ... der Schließung. Und Berlin steht kopf.

... dem Marx-Engels-Platz ... Berlin-Ost steht ein Schloß. Es sieht sehr gelb aus und bewegt sich ... Wind : angemalte Plastikplanen ... einem Stahlgerüst, nichts weiter. ... der Südostwand des Palasts der Republik hört die Schloßattrappe auf.

Das Berliner Stadtschloß, dessen Ruinen ... ihrer Sprengung ... Winter 1950 ... dieser Stelle standen, sieht ... Fotos aus wie eine graue Kaserne. Die Schloßattrappe sieht aus wie eine gelb leuchtende Kaserne.

... Europa-Center, hoch ... dem Breitscheidplatz, residiert der Berliner Kultussenator. ... 22. Juni hat er plötzlich die sofortige Schließung der Berliner Staatsbühnen angeordnet : des Schiller-Theaters, des Schloßparktheaters und der Werkstatt. ... vier Uhr morgens soll die Entscheidung gefallen sein, ... siebzehnstündiger Sitzung des Senats.

"Schiller muß bleiben !" heißt die Parole im kulturellen Widerstand und verlangt das Gegenteil von Veränderung.

der Widerstand : la résistance
kopfstehen : être en émoi
die Plane : la bâche
das Stahlgerüst : l'échafaudage
die Schloßattrappe : un semblant de palais
die Sprengung : la destruction à l'explosif
der Kultussenator : le ministre de la culture
etw. anordnen : ordonner qch.
die Entscheidung ist gefallen : la décision a été prise
die Sitzung : la séance

10. Complétez par les marques de cas.
(AZ 192 - 193, 244 - 247)

Die Versuchung

Renate H. ist eine Frau von apart... Äußeren. Als sie in d... Saal 297 des Amtsgerichts Hamburg geführt wird, kontrastiert ihr sommerlich-luftig... Kleid aus bläulich... Chiffon angenehm mit d... Grau-Schwarz der Staatsanwältin. Die langen dunklen Haare sind zu ein... Knoten zusammengesteckt, der den Blick frei macht auf ein... Stirn, deren Farbe die Vermutung nahelegt, daß Renate H. gerne in d... Sonne ist.

Daß Frau Renate, knapp fünfzig, an dies... schön... Sommermorgen vor Gericht steht, hat seinen Grund. Nach Ansicht der Staatsanwältin ist Renate H. eine Betrügerin. Ihr wird vorgeworfen, bei d... örtlich... Autohändler R. einen roten Pkw Porsche Cabrio "für eine kurze Testfahrt" ausgeliehen zu haben, den Wagen dann jedoch nicht zur Firma R. zurückgebracht zu haben.

"Fahren Sie doch mal Probe !", hat der Verkäufer vorgeschlagen. An dies... Satz des Verkäufers erinnert sie sich. Unter d... Beobachtern auf d... Zuschauerbank herrscht Einigkeit, daß Renate H. schuldig sei. Unerhört, diese Mißachtung von Eigentumsrechten heutzutage. So geht es nicht.

apart : chic
das Amtsgericht : le tribunal de première instance
der Staatsanwalt : le Procureur
der Knoten : le chignon
die Vermutung nahelegen : laisser supposer
die Betrügerin : la fraudeuse
jm etw. vorwerfen : reprocher qch. à qn
örtlich : local
der Pkw : la voiture
es herrscht Einigkeit : tous sont unanimes
die Mißachtung : le mépris
das Eigentumsrecht : le droit de propriété

Complétez par une préposition (P), les marques du cas (C) ou une préposition contractée (PC).

Ferien (P) ... dem Bauernhof in Mecklenburg

Mal richtig Ruhe haben, in (C) d... Landschaft eintauchen, zum Frühstück Milch frisch von (C) d... Kuh und die Eier warm (P) ... dem Nest.

Der erste Eindruck (PC) ... Ziel, dem mecklenburgischen Dorf Karenz, ist dann aber weniger paradiesisch, als wir es uns erträumt hatten. Auf (C) ... Hof herrscht leichtes Durcheinander. Immerhin, es ist ein Reiterhof. Pferde trotten über (C) d... Weide. Zwei Hunde begrüßen uns, Kühe für (C) d... erhoffte Milch sind auch da.

Schon (PC) ... ersten Morgen wecken uns Geräusche, die man in keinem städtischen Hotel hören kann. Wir sehen (P) ... dem Fenster. Ein Schmied beschlägt auf (C) d... Hof Pferde.

Erster Spaziergang, an (C) ein ... Bach entlang. Es duftet nach Kamille. Schwalben fliegen hoch oben, was auf gutes Wetter hoffen läßt. Ein Mann mäht (P) ... der Sense eine Wiese. Hinter (C) d... Mann läuft ein Storch. Es ist sehr still.

(P)... dem Lebensmittelladen stehen zwei Männer, trinken Bier, rauchen. Ja, es gibt eine Kneipe (PC) ... Ort ; man kann abends prima Bier trinken. Essen ? Nein, das wohl kaum. Die Dörfer sehen leer aus. Wer Glück hat, nämlich Arbeit (P) ... Niedersachsen oder Hamburg, fährt morgens früh von hier los und kommt erst abends, oft spät wieder zurück. Die andern sitzen in (C) d... Bauernhäusern aus (C) rot... Backstein, die (P) ... den Vorüberfahrenden stabil aussehen. Eine Berlinerin erzählt, sie habe sich gefragt, ob sie nicht doch schon (PC) ... Westen sei. Aber die häßlichen Neubauten (PC) ... Rande der Dörfer hätten ihr gezeigt, wo sie sei.

(PC) ... Gästebuch loben die Eltern "Ruhe und Natur", den Kindern hat gefallen : "auf (C) d... Heuboden spielen, mit den Hunden toben, Tiere füttern, mit (C) d... Traktor fahren, reiten, die anderen Kinder, das Haus".

eintauchen : se plonger dans
das Nest : le nid
das Durcheinander : le désordre
die Weide : le pâturage
der Schmied : le forgeron
beschlagen : ferrer (un cheval)
die Kamille : la camomille
die Schwalbe : l'hirondelle
mähen : faucher
die Sense : la faux
die Wiese : la prairie
der Storch : la cigogne
die Kneipe : le bistro
der Backstein : la brique
der Rand : la périphérie
der Heuboden : le grenier à foin

5 Les cas et les rections

LA RECTION DES VERBES

1. Complétez par les marques éventuellement manquantes. (AZ 218)

1. Erinnerst du dich noch an unser... Ferien in Amerika ?
2. Bist du d... alt... Fernseher losgeworden ?
3. Bist du d... Jungen nachgelaufen ?
4. Hast du auf sein... Frage geantwortet ?
5. Wie hat er auf dein... Frage reagiert ?
6. Hast du an dein... Schwester gedacht ?
7. Hast du dich an d... neu... Wohnung gewöhnt ?
8. Kann ich mich auf dein... Freund verlassen ?
9. Hast du schon an ein... solch... Diskussion teilgenommen ?
10. Habt ihr schon über mein... Vorschlag diskutiert ?

2. Traduisez. (AZ 218)

1. As-tu félicité ton amie ?
2. Pourquoi regardes-tu ta montre ?
3. A-t-il fait allusion à son passé ?
4. Pourquoi t'étonnes-tu de son état ?
5. Tu penses souvent à ton voyage de l'an dernier ?

féliciter qn : jm gratulieren
faire allusion à qch. : auf etw. anspielen

3. Complétez par la préposition manquante, éventuellement contractée. *(AZ 218)*

1. Wann wurde dieser Roman ... Deutsche übersetzt ?
2. Paß doch ... deinen Koffer auf !
3. Hast du dich ... dem Preis erkundigt ?
4. Du kannst dich aber ... ihn verlassen.
5. Antworte doch ... seine Frage !
6. Das hängt doch nicht ... mir ab !
7. Wie konntest du so etwas ... deinem Vater verlangen ?
8. Kann man noch ... eine Besserung der wirtschaftlichen Lage hoffen ?
9. Glaubt er ... Gott ?
10. Ist er wirklich ... Aids gestorben ?

4. Traduisez. *(AZ 218)*

1. Je m'étonne de sa réaction.
2. Adresse-toi au directeur !
3. Cette pièce fait-elle partie de l'appartement ?
4. Dans la cuisine cela sent le chou-fleur.
5. Pour quel candidat as-tu voté ?
6. J'ai dû renoncer à mes vacances en Espagne.
7. Pourquoi a-t-il fait allusion à ce procès ?
8. Il n'a pas participé à la discussion.
9. Elle se plaint souvent de son médecin.
10. Il se réfère à sa lettre du 24 juin.

LA RECTION DES NOMS

5. Complétez par la préposition qui convient. *(AZ 217)*

1. Die Antwort ... deine Frage erhältst du morgen.
2. In dieser Branche herrscht immer noch Mangel ... Arbeitskräften.
3. Sie haben nicht die geringste Hoffnung ... eine Besserung seines Zustandes.
4. Sie hat keinen Einfluß mehr ... ihn.
5. Der Kampf ... den Drogenhandel sollte verstärkt werden.
6. Ich habe eine Frage ... Ihren Nachbarn.
7. Ich teile Ihren Glauben ... den wissenschaftlichen Fortschritt.
8. Der Verzicht ... den Thron fiel ihm nicht leicht.

6. Traduisez. *(AZ 217)*

1. La réponse à ta question n'est pas facile.
2. Je n'ai pas compris son allusion aux dernières vacances d'hiver.
3. Ils ont dû interrompre la discussion sur les contrats.
4. J'ai rarement eu l'occasion de rire.
5. Dans sa lettre il ne parle que de sa peur de l'examen.

LA RECTION DES ADJECTIFS

7. Complétez éventuellement par la préposition et les marques qui conviennent. *(AZ 216)*

1. Sie können ... Ihr... Sohn stolz sein.
2. Ich muß Sie ... dies... Brief aufmerksam machen.
3. Ich bin ... sein... Arbeit zufrieden.
4. Ich bin ... sein... Vorschlag einverstanden.
5. Ich bin ... sein... Reaktion erstaunt.
6. Ich bin mein... Lehrer sehr dankbar.
7. Ist sie ... ihr... Freundin eifersüchtig ?
8. Ich war sehr enttäuscht ... sein... Leistung.

8. Traduisez. *(AZ 216)*

1. Je lui suis très reconnaissant pour son aide.
2. Il est très conscient de sa supériorité.
3. Elle est aimable avec tout le monde.
4. Je suis d'accord avec elle.
5. Il est très intéressé par ce projet.

9. Complétez par la préposition qui convient. *(AZ 216)*

1. Wer hatte schuld ... dem Verkehrsunfall ?
2. Seid ihr bereit ... Abfahrt ?
3. Warum ist er ... den Erfolg seines Bruders neidisch ?
4. Er ist ... seinen Eltern abhängig.
5. Sie waren froh ... die gute Nachricht.
6. Sie fühlt sich verantwortlich ... den kleinen Bruder.
7. Er begeistert sich ... alle modernen Architekten.
8. Sei doch nett ... deinem Lehrer !

Complétez par les prépositions adéquates et les marques de cas.

Tokios Bürger empört ... durchsichtig... Müllsäcke

Die Stadtverwaltung ... Tokio wird ... d... Bürger... mit Protesten und Anfragen bestürmt. Es geht ... d... strenger... Regel... , mit denen die zwölf Millionen Einwohner ... ein... besser... Beachtung der Vorschriften gezwungen werden sollen, die es ... die Sammlung und den Abtransport von Müll gibt : ... Oktober müssen die Bürger ihren Müll statt ... d... schwarz... Plastiksäck..., in durchsichtigen Beuteln an d... Straße stellen.

Die neuen Säcke sind teurer. Außerdem müssen die Müllsäcke ... Namen versehen werden. Wer sich nicht ... d... neu... Regeln hält, muß ... Strafen rechnen. Die jetzigen Regeln verlangen nur, Abfall nach brennbar... und nicht brennbar... Teil... zu trennen. Größere Teile, etwa ab der Größe eines kleinen Fernsehers, werden extra abgeholt.

Empört sind die Bürger vor allem ... d... durchsichtig... Plastiksäcke. Der Gedanke, daß der Nachbar damit einen Einblick ... häuslich... Gewohnheiten bekommen könnte, sei ein Eingriff ... d... Privatsphäre. Wahrscheinlich würden die Hausfrauen ihren Müll ... undurchsichtig... Papiertüten füllen, bevor sie ihn ... d... neu... Plastiksack stecken.

durchsichtig : transparent
empört : indigné
der Müllsack : le sac poubelle
bestürmt : assailli
die Beachtung der Vorschriften : le respect des règlements
der Beutel : le sachet, le sac
brennbar : combustible
der Einblick : l'aperçu
häuslich : domestique
der Eingriff : une atteinte à ...

6 Les pronoms

LES PRONOMS PERSONNELS

1. Remplacez les éléments en italique par des pronoms personnels. *(AZ 206)*

1. *Inges Vater* arbeitet in einer deutschen Firma.
2. Wo hast du *Petra* getroffen ?
3. Michael wohnt noch bei *seinen Eltern*.
4. Hast du *Peter und Hans* erkannt ?
5. Hast du *Inge* das Buch schon zurückgegeben ?
6. Hast du *diese Pfeife deinem Vater* geschenkt ?
7. Kannst du dich um *Marion* kümmern ?
8. Ich habe eine Stunde auf *Jörg* warten müssen.
9. Das Auto habe ich an *Inge* verkauft.
10. Sehr oft denke ich an *meine Großmutter*.

2. Traduisez. *(AZ 206)*

1. Avez-vous *(forme de politesse)* trouvé une clef ?
2. Je leur ai demandé d'où ils venaient.
3. Est-ce que je vous *(pluriel)* ai rendu le journal ?
4. Il nous a raconté une histoire amusante.
5. Il a fallu que je lui coure après.

LES PRONOMS INTERROGATIFS

3. Posez les questions qui appellent les réponses suivantes et qui portent sur les éléments en italique. *(AZ 123,124)*

1. *Schiller* ist der Autor dieses Dramas.
2. Den Brief hat er *am 26. Januar* geschrieben.
3. Am selben Abend hat er *seinen Freund Wolfgang* eingeladen.
4. Kafka hat 1912 eine Rede *über die jiddische Sprache* gehalten.
5. Er hat viele Briefe *an Milena* geschrieben.
6. Letztes Jahr hat er *vier* Romane gelesen.
7. Er fährt *mit dem Zug* nach Österreich.

8. *Dreimal in der Woche* muß er ins Krankenhaus.
9. Er bleibt *bis Donnerstag* bei seiner Freundin.
10. Er denkt schon *an die Ferien*.

4. Traduisez. *(AZ 123, 124)*

1. De quoi es-tu responsable ?
2. De quoi as-tu besoin ?
3. Qui dois-tu féliciter ?
4. Qui attends-tu ?
5. De quoi veux-tu parler ?

LES PRONOMS POSSESSIFS

5. Traduisez. *(AZ 209)*

1. Tu as une secrétaire peu aimable ; la mienne est très gentille.
2. J'ai déjà vu tes photos ; veux-tu voir les miennes ?
3. Notre maison est assez petite ; la leur est très grande.
4. Leur chien aboie très souvent ; a côté du nôtre il paraît minuscule.
5. Inga a également une moto ; la mienne est verte, la sienne est noire.
6. En Allemagne il y a aussi du vin rouge ; mais le nôtre est plus connu.
7. J'ai acheté mon billet de train ; avez-vous *(forme de politesse)* déjà acheté le vôtre ?
8. Nous avions acheté une voiture en 1990 comme mes parents ; ils ont déjà vendu la leur.

LES PRONOMS DÉMONSTRATIFS

6. Traduisez. *(AZ 204)*

1. J'ai lu tous ces livres ; as-tu lu celui-là ?
2. Je touve toutes tes photos très belles, mais je préfère celle-là.
3. Hier soir tu as entendu quelques-uns de mes disques ; je suis sûr que celui-là va te plaire.
4. Quel manteau préfères-tu ? Celui-ci ou celui-là ?

5. Hier nous sommes allés au cinéma avec Pierre, Paul et la soeur de celui-ci.
6. Ces voitures d'occasion ne sont pas très chères, mais à ta place j'achèterais celle-là.
7. Vos vins sont tous excellents ; mais c'est celui-ci que je préfère.
8. Je ne peux pas me décider ; les deux cravates sont belles ; celle-ci irait bien avec ma chemise bleue.

LES PRONOMS RELATIFS

7. Complétez par le pronom relatif qui convient.
(AZ 82, 210 ; voir aussi ce cahier n°17)

1. Die Studentin, ... ich das Buch geliehen hatte, ist spurlos verschwunden.
2. Das Haus, ... wir am Strand hatten bauen lassen, ist völlig zerstört worden.
3. Zeig mir mal die Schuhe, ... du dir gekauft hast.
4. Der Beruf, von ... er träumt, ist ein schöner Beruf.
5. Wir haben gestern abend einen Sänger gehört, ... Stimme uns alle begeistert hat.
6. Der Mann, an ... du denkst, wohnt nicht mehr hier.
7. Wo ist die Zeitung, ... ich heute morgen gekauft habe ?
8. Das Restaurant, in ... wir heute abend essen, ist sehr berühmt.
9. Kennst du einen Mathematiklehrer, ... Christian bei den Hausaufgaben helfen könnte ?
10. Die Leute, ... ich das erzählt habe, kennst du nicht.

8. Traduisez. *(AZ 82, 210)*

1. J'ai rencontré mon ami Paul, dont la soeur habite en Angleterre.
2. L'amie à qui j'ai offert ce disque s'appelle Helga.
3. Le chien que tu vois là-bas est à nos voisins.
4. C'est un endroit dont je ne me souviens plus.
5. Donne-moi le sac avec lequel tu joues.

Complétez par le pronom qui convient.

1. ... hast du gestern abend die Tür aufgemacht ?
2. Japans Autoproduzenten haben im November 12 Prozent weniger Autos produziert, ... *(les nôtres)* jedoch nur 6 Prozent.
3. Gesetze sind nicht immer gerecht ; ... liegt an den Politikern, die sie gemacht haben.
4. ... kostet der Christbaum im Schaufenster ?
5. Du hast ein tolles Fahrrad ; ... ist nicht so schön.
6. Die Altstadt steht unter Wasser. Große Probleme bereiteten zahlreiche überflutete Keller, in ... Heizöltanks umgestürzt und ausgelaufen sind.
7. Die neuen Bundesländer sind eine einzige Baustelle, die größte Europas. Und sie werden ... bleiben.
8. ... gehört diese Handtasche ?
9. ... hast du gestern getroffen ?
10. Ich bin mit Herbert, Michael, Petra und ... Freund spazierengegangen.

7 La conjugaison des verbes

LES VERBES "HABEN", "SEIN" ET "WERDEN"

1. Complétez par les formes simples demandées.
(AZ 109, 227, 275)

1. Présent : Ich ... keine Angst. *(haben)*
2. Prétérit : Wir ... nicht allein. *(sein)*
3. Impératif singulier : ... doch nicht so schüchtern ! *(sein)*
4. Prétérit : Er ... dann ganz rot ! *(werden)*
5. Présent : Ihr ... aber nicht sympathisch ! *(sein)*
6. Prétérit : Er ... immer Pech im Leben. *(haben)*
7. Présent : Warum ... du so zornig ? *(werden)*
8. Présent : Ich ... gar nicht zornig. *(sein)*
9. Présent : Du ... aber ganz bleich. *(sein)*
10. Présent : Ich ... plötzlich Hunger. *(haben)*

11. Hypothétique : Ich ... lieber in einem guten Restaurant. *(sein)*
12. Hypothétique : Was ... du Lust zu essen ? *(haben)*

2. Traduisez. (AZ 109, 227, 275)

1. Vous aviez une voiture ?
2. J'étais à pied.
3. A ta place je serais content.
4. Je suis sûr qu'en avion il serait malade.
5. Tous les ans, je tombe malade en hiver.

être malade : ici, jm wird schlecht

3. Complétez par les formes composées demandées. (AZ 109, 227, 275)

1. Parfait : Ich ... gestern beim Arzt .... *(sein)*
2. Plus-que-parfait : Paul ... viel Glück .... *(haben)*
3. Futur : Morgen ... er bestimmt zu Hause .... *(sein)*
4. Irréel : An deiner Stelle ... ich rot .... *(werden)*
5. Parfait : Sie ... einen Unfall .... *(haben)*
6. Irréel : ... ich nur ein Wörterbuch .... *(haben)*
7. Plus-que-parfait : Er ... leider zu lange in Rom .... *(sein)*
8. Parfait : Ich finde, er ... ziemlich alt .... *(werden)*
9. Parfait : Gestern abend ... er Fieber .... *(haben)*
10. Futur : Morgen ... ich mehr Geld .... *(haben)*

LES VERBES DE MODALITÉ ET "WISSEN"

4. Complétez par les formes simples demandées. (AZ 265 ; voir aussi ce cahier n°11)

1. Présent : Ich ... morgen in die Schule. *(müssen)*
2. Prétérit : Er ... überhaupt nicht gehen. *(können)*
3. Hypothétique : Ich ... morgen zum Arzt gehen. *(müssen)*
4. Prétérit : Er ... nicht, was er antworten ... .*(wissen, sollen)*
5. Présent : Ihr Freund ... nur bis 11 ausgehen. *(dürfen)*
6. Présent : Ich ... nicht, wo er wohnt. *(wissen)*
7. Présent : Ich ... dir nicht helfen. *(können)*
8. Hypothétique : Ich ... eventuell im Dezember kommen. *(können)*

9. Prétérit : Er ... plötzlich nach Hause gehen. *(wollen)*
10. Présent : Du ... heute ins Kino gehen. *(dürfen)*

LES VERBES FAIBLES ET FAIBLES IRRÉGULIERS

5. Complétez par les formes simples demandées.
(AZ 196, 257, 262) Attention aux particules !

1. Présent : Seit wann ... du ihn ? *(kennen)*
2. Prétérit : Wer ... in dem Film die Hauptrolle ? *(spielen)*
3. Impératif pluriel : ... jetzt mal ... ! *(zuhören)*
4. Prétérit : Das Wochenende ... ich auf dem Land. *(verbringen)*
5. Présent : Normalerweise ... ich um 10 ... . *(aufwachen)*
6. Impératif singulier : ... jetzt ... ! *(aufstehen)*
7. Présent : Warum ... du nicht ? *(antworten)*
8. Prétérit : Ich ... von fernen Inseln. *(träumen)*
9. Présent : ... du noch an die Ferien ... ? *(zurückdenken)*
10. Prétérit : Ich ... an die nächsten Ferien ! *(denken)*

6. Traduisez. *(AZ 257, 262)*

1. Il me raconte toujours la même histoire.
2. Il passait ses vacances en Inde.
3. Un jour il se reposait à l'ombre d'un arbre.
4. Soudain il entendit : "Couchez-vous ! ... Un tremblement de terre !"
5. Mais ce n'était qu'un avion qui décollait !

7. Complétez par les formes composées demandées.
(AZ 196, 257, 262)

Attention aux particules, à l'emploi de haben *ou* sein *et à la présence ou l'absence de* ge- *au participe passé !*

1. Parfait : Wir ... unseren Onkel am Flughafen ... . *(abholen)*
2. Plus-que-parfait : Was ... er dir ... ? *(mitbringen)*
3. Futur : Das ... ihn schon ... ! *(beruhigen)*
4. Irréel : Am Abend ... ich ihm dann die Photos ... . *(zeigen)*
5. Plus-que-parfait : Warum ... er auf den Baum ... ? *(klettern)*
6. Futur : Wann ... du endlich mal ... ? *(arbeiten)*

7. Parfait : Plötzlich ... er sich ... . *(sich umdrehen)*
8. Parfait : Das ... mich nicht ... . *(wundern)*
9. Irréel : Beinahe ... ich einen Unfall ... . *(verursachen)*
10. Parfait : Da ... er aber ... ! *(staunen)*

8. Traduisez. *(AZ 257, 262)*

1. Jusqu'à quelle heure as-tu travaillé hier soir ?
2. Combien de temps a duré le film ?
3. Vas-tu ranger ta chambre ?
4. A ta place je n'en n'aurais pas parlé à ton père.
5. J'avais bien pensé que tu serais fatigué.

ranger : aufräumen **parler :** ici, sagen

LES VERBES FORTS

9. Complétez par les formes simples demandées. *(AZ 258)*

1. Présent : Ich möchte heute abend ausgehen. Was ... du ... ? *(vorschlagen)*
2. Présent : ... du schon wieder ... ? *(anfangen)*
3. Impératif singulier : ... nicht, was gestern passiert ist ! *(vergessen)*
4. Impératif pluriel : ... nicht, daß ihr meinen Schlüssel habt ! *(vergessen)*
5. Prétérit : Ich ... mit dem Auto durch den Wald. *(fahren)*
6. Prétérit : Plötzlich ... ein Wildschwein aus dem Wald. *(kommen)*
7. Prétérit : Ich ... natürlich. *(erschrecken)*
8. Prétérit : Das Auto ... ins Rutschen. *(kommen)*
9. Prétérit : Und ich ... im Graben. *(liegen)*
10. Impératif singulier : ... mir mal schnell die Zeitung ! *(geben)*

10. Traduisez. *(AZ 258)*

1. D'abord il me donna une cigarette.
2. Il court aussi vite que toi ?
3. Il parle très lentement.
4. Prends cette valise ; elle est plus légère.
5. Il téléphona à sa mère.

11. Complétez par les formes composées demandées. *(AZ 110, 258)*

Attention au choix de haben *ou* sein *et à la forme du participe passé !*

1. Parfait : Die Katze ... vom Dach .... *(herunterspringen)*
2. Plus-que-parfait : Er ... eine ganze Flasche Wein .... *(trinken)*
3. Futur : Ich ... diese schönen Tage in Venedig nie .... *(vergessen)*
4. Hypothétique : An deiner Stelle ... ich dieses Fleisch nicht .... *(essen)*
5. Irréel : An deiner Stelle ... ich ihm nicht .... *(schreiben)*
6. Futur : Dieses Hotel .. ich ihm aber nicht .... *(empfehlen)*
7. Parfait : Um wieviel Uhr ... du ... ? *(einschlafen)*
8. Irréel : ... du an meiner Stelle länger ... ? *(bleiben)*
9. Plus-que-parfait : Der Hund ... alles .... *(auffressen)*
10. Hypothétique : Ich ... gern mal nach Brasilien .... *(fliegen)*

12. Traduisez. *(AZ 110, 258)*

1. J'ai dormi toute la journée.
2. Ils avaient volé des oranges dans un magasin.
3. Je boirais bien un verre de vin blanc.
4. Je serais venu s'il n'avait pas neigé.
5. Cela s'est produit devant notre maison.

13. Mettez les verbes donnés à l'infinitif soit au présent, soit au prétérit de l'indicatif en vous aidant du contexte. *(AZ 109, 227, 275, 257 - 265)*

Starke Turbulenz erschüttert Airbus - 18 Verletzte

Eine heftige Turbulenz *(haben)* ... am Mittwoch abend über Linz den Airbus einer österreichischen Fluglinie mehrere Sekunden lang durchgeschüttelt. An Bord *(sein)* ... 104 Passagiere und neun Besatzungsmitglieder. 18 Menschen *(werden)* ... verletzt, drei davon schwer. Zwei Stewardessen *(brechen)* ... sich einen Arm, ein Passsagier das Bein. Die Turbulenz *(sein)* ... ohne Vorwarnung bei klarem Himmel gekommen. Der Flugkapitän *(sagen)* ... hinterher : "So etwas *(haben)* ...ich in dieser Stärke noch nicht erlebt".

erschüttern : secouer violemment
die Besatzungsmitglieder : les membres d'équipage
ohne Vorwarnung : sans signe prémonitoire

14. Mettez les verbes donnés à l'infinitif soit au présent, soit au prétérit, selon le contexte.
(AZ 109, 227, 275, 257 - 265)

Persönlichkeiten

Jack Nicholson, Alain Delon und Warren Beatty *(sein)* ... früher berüchtigte Playboys. Jetzt *(sein)* ... sie um die 60, aber glückliche Väter. Mit 53 und 56 Jahren *(werden)* ... der Schauspieler Jack Nicholson noch Vater. " Jetzt *(lassen)* ... ich meine Vergangenheit hinter mir", glaubt der Filmstar.

Sein Kollege Warren Beatty (gelten) ... als der berühmteste Hollywood-Verführer, bevor er die Schauspielerin Annette Bening (kennenlernen) ... . Vor anderthalb Jahren (werden) ... seine Tochter Kathlin geboren. "Durch meine Tochter (haben) ... ich es heute nicht mehr nötig, mich zu zerstreuen wie früher", (erzählen) ... der begeisterte Vater.

"Die Familie (sein) ... das Wichtigste in meinem Leben", (sagen) ... Alain Delon. Er (feiern) ... gerade seinen 55. Geburtstag, als Tochter Anouchka im November 1990 geboren (werden) ... .

berüchtigt : de mauvaise réputation
sich zerstreuen : se divertir
begeistert : enthousiaste

É V A L U A T I O N 7

Choisissez la bonne réponse.

1. Gestern ... sein Bruder zu Besuch.
   a. käme b. kommen c. kam
2. Bereits Ende des Jahres ... die ostdeutschen Bauinvestitionen pro Einwohner höher ... als in den alten Bundesländern.
   a. werden ... sein b. wären ... gewesen c. werden ... haben

3. Eine 20 Meter hohe Fichte traf den Arbeiter am Kopf und ... ihn tödlich.
   a. verletzt b. verletzte c. verletzen

4. In der Nacht von Dienstag auf Mittwoch gab der Landkreis Regensburg für das Regental Katastrophenalarm. In zahlreichen Gemeinden ... Einfamilienhäuser bis zum Dachgeschoß im Wasser.
   a. stellen b. standen c. stellten

5. Heute wird der Parkplatz geräumt. Sämtliche ufernahen Parkplätze ... inzwischen vom Main bedroht.
   a. wären b. würden c. sind

6. Der Mörder konnte am 2. Juni fliehen und wurde am 19. September wieder festgenommen. In der Zwischenzeit ... er mit verschiedenen Wagen durch ganz Deutschland ... .
   a. wird ... fahren b. war ... gefahren c. würde ... fahren

7. Ihre 21jährige Freundin ... Pilzsucher einen Monat später in etwa zwölf Kilometer Entfernung.
   a. finden b. fanden c. findet

8. Auf rüde Weise malträtierten zwei Gewalttäter einen jungen Mann und beraubten ihn. Das ... Montag nacht gegen 21.15 Uhr.
   a. geschah b. geschieht c. geschehen

9. Seit 1789 hat Joseph Fouché allen Herren Frankreichs gedient. Er weiß, daß die Geschichte des Kontinents anders ... ..., hätte er nicht seinen Job so erledigt, wie er es tat.
   a. verlaufen ist b. verlief c. verlaufen wäre

10. Oskar Schindler wird in Israel als einer der Gerechten geehrt. Der deutsche Unternehmer ... 1200 Juden das Leben, indem er sie in seiner Fabrik beschäftigte.
    a. rettet b. rettete c. retteten

die Bauinvestition : l'investissement dans la construction
die Fichte : le pin
jn tödlich verletzen : blesser qn mortellement
das Dachgeschoß : les mansardes
ufernah : sur les rives
bedroht : menacé
in der Zwischenzeit : entre temps
der Pilzsucher : le chercheur de champignons
der Gewalttäter : l'agresseur
jm dienen : servir qn
verlaufen : se dérouler
der Gerechte : le juste

8 Le subjonctif II et l'hypothèse

LE SUBJONCTIF II PRÉSENT (HYPOTHÉTIQUE)

1. Donnez la forme du subjonctif II présent. *(AZ 236)*
Ex. : können, du → du könntest

1. bleiben, er...
2. kommen, wir...
3. gehen, ihr...
4. müssen, du ...
5. laufen, wir...
6. dürfen, du ...
7. fallen, es ...
8. denken, er...
9. verlassen, ihr ...
10. mögen, du ...

2. Donnez la forme composée avec würde ***du subjonctif II présent à la personne indiquée.*** *(AZ 236)*
Ex. : schreiben, du → du würdest schreiben

1. schlafen, er...
2. diskutieren, wir...
3. arbeiten, ihr...
4. abfahren, du ...
5. vergessen, wir...
6. werben, du...
7. schneien, es...
8. tragen, er...
9. gelangen, ihr ...
10. verlieren, du...

3. Complétez par la forme du subjonctif II présent. *(AZ 236, 238)*

1. Ohne Bücher ... ich hier nicht leben. *(können)*
2. Du ... eigentlich darüber Bescheid wissen. *(müssen)*
3. Wenn doch bald Ferien ... ! *(sein)*
4. Wenn ich nur ... , was ich machen soll ! (wissen)
5. Fanny ... gern einen großen Bruder. *(haben)*

4. Remplacez la forme du subjonctif II présent par la forme avec würde. *(AZ 236)*

Ex. : An deiner Stelle bliebe ich nicht in dieser Firma.
→ An deiner Stelle würde ich nicht in dieser Firma bleiben.

1. Bei diesem Wetter ginge ich nicht spazieren.
2. Wenn ich nur eine interessante Arbeit bekäme !
3. An deiner Stelle riefe ich die Polizei an.

4. Wenn es doch endlich regnete !
5. Ohne deinen Anruf schliefe er immer noch.

LE SUBJONCTIF II PASSÉ (IRRÉEL)

5. Donnez la forme du subjonctif II passé à la personne indiquée. *(AZ 237)*
Ex. : rennen, du → du wärest gerannt

1. sprechen, du ...
2. gelingen, es ...
3. lügen, ihr ...
4. gewinnen, du ...
5. schwimmen, ihr ...
6. springen, wir ...
7. helfen, ihr ...
8. geschehen, es ...
9. empfangen, er ...
10. fliegen, wir ...

6. Formez des phrases au subjonctif II passé. *(AZ 237)*
Ex. : ich - euch - gern besuchen
→ Ich hätte euch gern besucht.

1. ohne deine Hilfe - ich - die Prüfung - nicht schaffen
2. beinahe - Peter - hinfallen
3. an eurer Stelle - wir - das Haus - nicht verkaufen
4. bei schönem Wetter - wir - zu Fuß gehen
5. beinahe - Uwe - den Zug verpassen

LES SUBORDONNÉES DE COMPARAISON

7. Faites des comparaisons au subjonctif II présent, d'abord avec als ob / als wenn***, ensuite avec*** als. *(AZ 239)*

Ex. : Er tut so (er schläft).
→ Er tut so, als ob /als wenn er schliefe.
→ Er tut so, als schliefe er.

1. Hans sieht aus (es geht ihm etwas besser).
2. Es hat den Anschein (das Haus ist unbewohnt).
3. Peter macht den Eindruck (er weiß von nichts).
4. Klaus tut so (er muß schnell weg).
5. Ihr war (sie ist in einer anderen Stadt).

8. Faites des comparaisons au subjonctif II passé , d'abord avec als ob/ als wenn**, ensuite avec** als. *(AZ 239)*
Ex. : Antje tut so (sie hat ihn nie gekannt).
→ Antje tut so, als ob / als wenn sie ihn nie gekannt hätte.
→ Antje tut so, als hätte sie ihn nie gekannt.

1. Sylvia spricht so gut Französisch (sie hat schon immer in Frankreich gelebt).
2. Es kommt mir vor (ich bin hier schon einmal gewesen).
3. Uwe fährt so gut Auto (er hat nie etwas anderes getan).
4. Ihm war (er ist erkannt worden).
5. Michael tut so (er hat das Buch gelesen).

LA CONDITIONNELLE

9. Mettez le verbe de la conditionnelle, selon le sens, au subjonctif II présent ou passé. *(AZ 68)*

1. Wenn Klaus Geld ... , würde er sich einen Computer kaufen. *(haben)*
2. Wenn Elke mir von ihrem Unglück ... , hätte ich ihr geholfen. *(erzählen)*
3. Wenn du noch ein paar Tage hier ... , könnte ich mit dir in die Oper gehen. *(bleiben)*
4. Wenn du mich daran ... , hätte ich ihr zu ihrem Geburtstag gratuliert. *(erinnern)*
5. Wenn du nicht dauernd zu spät ... , hätte sich der Chef nicht geärgert. *(kommen)*

10. Que se passerait-il si ? Transposez les phrases suivantes en conditionnelles avec wenn **au subjonctif II présent ou passé. Supprimez ou ajoutez des négations pour obtenir des phrases logiques.** *(AZ 68)*
Ex. : Schmidts haben keinen Fernseher. Sie gehen oft ins Theater. → Wenn Schmidts einen Fernseher hätten, gingen sie nicht so oft ins Theater / würden... gehen).

1. Ich habe seine Telefonnummer nicht. Ich habe ihn nicht anrufen können.
2. Eva hat keine Zeit. Sie besucht ihre Tante nicht.
3. Mark ist kein Tierfreund. Er hält sich kein Haustier.
4. Inge hat nicht aufgepaßt. Der Unfall ist passiert.
5. Uwe versteht nichts von Politik. Er geht nicht wählen.

11. Traduisez. *(AZ 68, 238, 239)*

1. Si tu m'aidais, je pourrais terminer mon travail.
2. J'ai failli ne pas le reconnaître.
3. Tu me regardes comme si tu ne m'avais jamais vu.
4. Pourriez-vous me donner son adresse ?
5. Si j'étais à ta place, je partirais immédiatement.
6. Il vaudrait mieux que tu ailles voir un médecin.
7. Elle fait comme si elle n'avait rien entendu.
8. Ne fais pas semblant de ne rien savoir.
9. S'il avait su cela à temps, il aurait pu rester chez lui.
10. Si tu lisais le journal, tu serais mieux informé.

É V A L U A T I O N 8

Complétez par la forme du subjonctif II qui convient.
(H1 = subjonctif II présent hypothétique ;
H2 = subjonctif II avec "würde" ;
I = subjonctif II passé, irréel)

1. Wenn der Zug doch etwas schneller … . *(fahren ; H1)*
2. Er sieht so aus, als … er die ganze Nacht nicht … . *(schlafen ; I)*
3. Es kam mir vor, als … ich ihn schon lange… . *(kennen ; H2)*
4. Wenn doch der Arzt sofort … ! *(kommen ; I)*
5. … du mich so schnell wie möglich…. ? *(benachrichtigen können ; H1)*
6. Bei schönem Wetter … wir…. . *(baden gehen ; I)*
7. Du … eigentlich solche Fehler nicht mehr machen. *(dürfen ; H1)*
8. Der Politiker … beinahe bei dem Attentat… . *(umkommen ; I)*
9. Wenn ich … , warum die Polizei die Straße gesperrt hat ! *(wissen ; H1)*
10. Wenn ich doch meinen Autoschlüssel nicht … ! *(vergessen ; I)*
11. Bei diesem Regen … ich gern zu Hause … . *(bleiben ; I)*
12. … du damit einverstanden ? *(sein ; H1)*

13. Das ... wir endlich ... ! *(schaffen ; I)*
14. Ich ... Sie bitten, mir zu folgen ! *(mögen ; H1)*
15. Wenn ich ... , daß er so unfreundlich ist ! *(wissen ; I)*
16. Ich ... es ... , etwas später zu kommen. *(vorziehen ; H2)*
17. An deiner Stelle ... ich dieses alte Auto nicht ... . *(kaufen ; I)*
18. Ohne deine Hilfe ... wir jetzt noch am Bahnhof. *(stehen ; H1)*
19. Bei dem Glatteis ... die alte Dame beinahe ... . *(hinfallen ; I)*
20. Du ... dir etwas mehr Mühe... ! *(geben sollen ; H1)*

9 Le subjonctif I dans le discours indirect

LE SUBJONCTIF I, FORMATION

1. Donnez la forme du subjonctif I présent à la personne indiquée. *(AZ 234)*
Ex. : er kommt → er komme

1. er läuft ...
2. du bist ...
3. sie spricht ...
4. er darf ...
5. ihr fahrt ...
6. er will ...
7. du hältst ...
8. er gibt ...
9. du hast ...
10. er nimmt ...

2. Donnez la forme du subjonctif I passé ou du subjonctif I futur à la personne indiquée. *(AZ 234)*
Ex. : er kam → er sei gekommen ;
er wird kommen → er werde kommen

1. du sprachst ...
2. er wird schreiben ...
3. er telefonierte ...
4. ich werde antworten ...
5. er flog ...
6. es regnete ...
7. es gelang ...
8. er rief ...
9. du durftest ...
10. er wird fahren ...

3. Les formes suivantes sont-elles les formes correctes de la transposition de l'indicatif au subjonctif (subj. I, ou subj. II en cas de confusion avec l'indicatif) ? Cochez la case correspondante. *(AZ 81, 234)*

Discours direct → discours indirect	oui	non
1. ich stehe auf → er (sie) stehe auf		
2. wir kommen → wir werden kommen		
3. du konntest → du hättest gekonnt		
4. wir werden singen → sie würden singen		
5. es schneite → es habe geschneit		
6. er sang → er sänge		
7. sie sind erschienen → sie seien erschienen		
8. wir haben geglaubt → sie hätten geglaubt		
9. sie hatte geschrieben → sie hätte geschrieben		
10. es ist passiert → es wäre passiert		

4. Présentez au discours indirect sans daß ***ce que le rédacteur dit à sa femme.*** *(AZ 81, 234)*

Ex. : Der Redakteur einer Zeitschrift sagt am Abend zu seiner Frau : "Morgen habe ich viel zu tun."
→ Er sagt zu ihr, er habe am folgenden Tag viel zu tun.

Tagesablauf eines Redakteurs

1. Ich muß morgen sehr früh aufstehen.
2. Ich darf nicht zu spät aus dem Haus gehen.
3. Um 8 Uhr habe ich eine Besprechung mit meinen Mitarbeitern vorgesehen.
4. Zum Mittagessen treffe ich den Finanzminister.
5. Er wird mir über die Steuerreform berichten.
6. Am Nachmittag fahre ich zum Landgericht.
7. Ich will mir den Mordprozeß ansehen.
8. Denn ich soll über den Prozeß in der Zeitung berichten.
9. Ich kann leider nicht mit zu Schmidts kommen.
10. Ich mag diese Leute sowieso nicht.
11. Ich weiß nicht, wann ich zurückkomme.
12. Du brauchst nicht auf mich zu warten.

die Besprechung,en : l'entretien, la réunion
der Mitarbeiter , - : le collaborateur
der Finanzminister, - : le ministre des finances
die Steuerreform : la réforme fiscale
das Landgericht : le palais de justice d'un "Land"
der Mord : l'assassinat
der Mordprozeß : le procès pour une affaire criminelle

5. Mettez les questions suivantes au discours indirect sans daß***. Décidez s'il s'agit d'une interrogation globale ou partielle.*** *(AZ 81, 234)*
Ex.1 (interrogation globale) : Frau Müller fragt ihren Mann : "Hast du heute abend eine Versammlung ?"
→ Sie fragt ihn, ob er heute eine Versammlung habe (hat).
Ex. 2 (interrogation partielle) : Frau Müller fragt ihren Mann : "Wann findet die Versammlung statt ?"
→ Sie fragt ihn, wann die Versammlung stattfinde (stattfindet).

Besuch bei Bergers

Frau Müller fragt ihren Mann :
1. "Willst du mit mir zu Bergers fahren ?"
2. "Weißt du, daß sie uns schon lange eingeladen haben ?"
3. "Paßt es dir besser am Samstag oder am Sonntag ?"
4. "Welcher Tag ist dir lieber ?"
5. "Denkst du daran, daß ihr Sohn Geburtstag hat ?"
6. "Was können wir ihm wohl mitbringen ?
7. "Wie lange werden wir bei Bergers bleiben ?"
8. "Hast du denn keine Lust mitzukommen ?"
9. "Mußt du dir denn unbedingt das Fußballspiel ansehen ?"
10. "Warum hast du mir das denn nicht gleich gesagt ?"

6. Peter et Felix préparent une randonnée en montagne. Mettez les ordres que donne Peter au discours indirect sans daß***.*** *(AZ 81, 234)*
Ex. : Peter sagt zu Felix : "Komm doch mit uns zur Bergtour !"
→ Peter sagt zu Felix, er solle / möge doch mit ihnen zur Bergtour kommen.

Vorbereitung einer Bergtour

1. "Kauf noch eine präzise Wanderkarte !"
2. "Hör dir den Wetterbericht für morgen an !"

3. "Denk an deine Wanderschuhe !"
4. "Pack auch ein paar Handschuhe ein !"
5. "Nimm einen dicken Pullover mit !
6. "Leg auch die Sonnenbrille bereit !"
7. "Vergiß nicht, Proviant mitzunehmen !"
8. "Geh nicht zu spät zu Bett !"
9. "Stell deinen Wecker auf 4 Uhr !"
10. "Schlaf dann nicht wieder ein !"

7. Traduisez. Avant de traduire, restituez le discours direct dans les deux langues. Utilisez ensuite le subjonctif I sans daß***.*** *(AZ 81, 234)*

Ex. : Il lui a demandé d'ouvrir la fenêtre.
→ *Il lui a demandé : "Ouvre la fenêtre !"*
→ *Er hat sie gebeten : "Mach bitte das Fenster auf !"*
→ *Er hat sie gebeten, sie möge das Fenster aufmachen.*

1. Il a demandé à Elsa de l'appeler le soir même.
2. Elle lui a demandé de lire cet article à haute voix.
3. Elle a demandé à Uwe de mettre la musique moins fort.
4. Elle lui a demandé de venir à Munich dimanche prochain.
5. Il a demandé à Peter de lui prêter sa voiture.

8. Racontez le conte suivant au discours indirect sans daß ***en changeant tous les verbes et tous les pronoms.*** *(AZ 81, 234)*

GEBRÜDER GRIMM, *Hänsel und Gretel*

"Sie waren mitten in den Wald gekommen. Da sagte der Vater : 'Nun sammelt Holz, Kinder, ich will ein Feuer machen, damit ihr nicht friert.' Hänsel und Gretel trugen Reisig zusammen, einen kleinen Berg hoch. Das Reisig wurde angezündet, und als die Flamme recht hoch brannte, sagte die Mutter : "Nun legt euch ans Feuer und ruht euch aus, wir gehen in den Wald und hauen Holz. Wenn wir fertig sind, kommen wir wieder und holen euch ab.'

Die Kinder saßen am Feuer, und als der Mittag kam, aß jedes sein Stücklein Brot. Und als sie so lange gesessen hatten, fielen ihnen die Augen vor Müdigkeit zu, und sie schliefen fest ein."

→ *Es wurde erzählt, sie ...*

das Reisig : les brindilles
Holz hauen : couper du bois
die Augen fallen ihnen zu : leurs yeux se ferment

9. Traduisez les phrases relatant des événements en Allemagne, mais avant de traduire, restituez le discours direct dans les deux langues. Utilisez ensuite le subjonctif I ou II sans daß. *(AZ 81, 234)*

Ex. : Discours indirect : J'ai lu qu'en Allemagne, certains villages étaient menacés par des inondations.

→ Discours direct : "En Allemagne, certains villages sont menacés par des inondations."

→ Discours direct traduit : " In Deutschland sind einige Dörfer von Überschwemmungen bedroht."

→ Discours indirect traduit : Ich habe gelesen, in Deutschland seien einige Dörfer von Überschwemmungen bedroht.

1. J'ai lu que le gouvernement de la République fédérale déménagerait de Bonn à Berlin.
2. J'ai lu que l'on conservait quelques mètres du mur à Berlin.
3. J'ai lu qu'un grave accident de chemin de fer s'était produit en Bavière.
4. J'ai lu qu'il neigeait depuis trois jours à Hambourg.
5. J'ai lu qu'un foyer pour demandeurs d'asile avait été incendié.
6. J'ai lu qu'une manifestation contre le racisme aurait lieu à Dresde.

l'accident de chemin de fer : das Eisenbahnunglück
se produire : geschehen
le foyer pour demandeurs d'asile : das Heim für Asylbewerber
incendier : in Brand stecken
la manifestation : die Demonstration
le racisme : der Rassismus

Racontez au discours indirect ce que Georg dit à la police.

Georg erzählte der Polizei :
“Es war bereits dunkel, als ich das Haus verließ. Ich ging durch die Mühlstraße, bog dann in die Bergstraße ein und kam gerade an der Oper vorbei, als ein junger Mann auf mich zutrat und fragte : ‘Haben Sie zufällig Feuer ?’ Ich ahnte nichts Böses und suchte in meinen Taschen nach dem Feuerzeug. Plötzlich griff mir der junge Mann in die Jacke, zog schnell meine Brieftasche heraus und lief damit davon. ‘Stehenbleiben !’ rief ich ihm hinterher. ‘Haltet ihn ! Laßt ihn nicht entkommen !’ schrie ich den Passanten zu. Aber es war zu spät. Niemand hatte den jungen Mann verschwinden sehen.”

Georg erzählte der Polizei, es …

10 Le passif

LA FORMATION DU PASSIF

1. Identifiez les formes suivantes. S’agit-il du futur de l’actif, du présent du passif, ou des deux ? Cochez la ou les cases correspondantes. *(AZ 180)*

	A : futur actif	B : prés. passif
1. sie werden stellen		
2. sie wird eingestellt		
3. wir werden beraten		
4. er wird vergessen		
5. es wird geschehen		
6. ich werde versuchen		
7. es wird gelingen		
8. du wirst gewarnt		
9. ihr werdet empfangen		
10. es wird geliefert		

2. Transposez les phrases suivantes de l'actif au passif en conservant le temps. *(AZ 180)*
Ex. : Sie schickte es ab. → Es wurde von ihr abgeschickt.

1. Man lud ihn ein.
2. Er wird es bauen.
3. Er hatte es verkauft.
4. Er holte sie ab.
5. Sie hat ihn gesucht.
6. Sie muß ihn begleiten.
7. Wir werden es übersetzen.
8. Man soll ihn nicht stören.
9. Er wird uns hinbringen.
10. Sie trug es.

3. Transposez les formes du passif à l'actif en conservant le temps. Faites ensuite des énonciatives à l'aide des éléments indiqués entre parenthèses.
(AZ 180)
Ex. : kopiert werden darf (die Sekretärin, der Brief)
→ kopieren darf → Die Sekretärin darf den Brief kopieren.

1. benachrichtigt wurde (der Polizist, die Familie)
2. geschlagen worden ist (die italienische Mannschaft, die deutsche)
3. empfangen wird (der Kanzler, der Parteichef)
4. informiert werden wird (der Schuldirektor, die Schüler)
5. überfahren worden war (der Lastkraftwagen, der Hund)
6. abgesendet werden durfte (das Archiv, die Akte)
7. vernachlässigt wurden (die Eltern, ihre Kinder)
8. genehmigt werden mußte (das Amt, der Aufenthalt)
9. gedruckt wird (die Druckerei, der Katalog)
10. übertragen werden kann (die Fernsehstation, die Sendung)

4. Formez des phrases au passif présent en associant les éléments des trois colonnes. *(AZ 181)*
Ex. : der Kellner - das Bier - bringen
→ Das Bier wird vom Kellner gebracht.

Berufe

1. der Arzt - der Patient - untersuchen
2. der Polizist - der Verkehr - regeln
3. der Bürgermeister - das Altenheim - eröffnen
4. der Politiker - die Wahlrede - halten
5. der Pfarrer - das Baby - taufen
6. der Architekt - die Oper - bauen
7. der Journalist - der Artikel - schreiben
8. der Briefträger - die Briefe - austragen
9. der Gärtner - die Rosen - pflanzen
10. die Pianistin - die Sonate - spielen

5. Décrivez les effets de la crise économique par des phrases au passif. Respectez le temps dans les transformations. *(AZ 180, 181)*
Ex. : Man schloß den Betrieb.
→ Der Betrieb wurde geschlossen.

Wirtschaftskrise

1. Man entließ die Hälfte der Arbeiter.
2. Man wird die Produktion senken.
3. Man hatte eine Lohnerhöhung verlangt.
4. Man kürzte die Löhne.
5. Man schickte zuerst die Frauen nach Hause.
6. Man wird eine Filiale des Betriebs verkaufen.
7. Man verkürzte die Arbeitszeit.
8. Man hat Versammlungen einberufen.
9. Man wird eine Fabrik stillegen.
10. Man ruft einen Streik aus.

die Wirtschaftskrise : la crise économique
entlassen : licencier
die Produktion senken : diminuer la production
die Lohnerhöhung : l'augmentation des salaires
eine Versammlung einberufen : convoquer une assemblée
eine Fabrik stillegen : fermer une usine
einen Streik ausrufen : appeler à la grève

6. Traduisez par un passif. (AZ 180 - 182)

1. Ici, la ville construira un nouveau stade.
2. La piscine a éte inaugurée samedi dernier.
3. Ce canal n'avait plus été utilisé depuis quelques années.
4. La ville fut détruite par un tremblement de terre.
5. La délégation sera reçue par le maire.
6. Les magasins ferment à sept heures.
7. Il ne sera probablement pas élu.
8. Cette expression ne s'emploie pas ainsi.
9. Ce pont ne sera pas terminé avant deux ans.
10. Cet écrivain a été traduit dans toutes les langues.

inaugurer : einweihen
utiliser un canal : einen Kanal befahren
le tremblement de terre : das Erdbeben

LE PASSIF IMPERSONNEL

7. Décrivez les suites d'une catastrophe au passif impersonnel, prétérit. Commencez les phrases transformées par es. *(AZ 180, 182)*

Ex. : Man rief bei der Polizei an.
→ Es wurde bei der Polizei angerufen.

Eine Katastrophe

1. Man half den Verletzten.
2. Man suchte nach den Verschwundenen.
3. Man sammelte für die Obdachlosen.
4. Man bat um Hilfe.
5. Man brachte den Kindern Milch.
6. Man schenkte den Frauen Kleidung.
7. Man sorgte für die Kranken.
8. Man dachte an die Opfer.
9. Man berichtete über die Katastrophe.
10. Man forschte nach den Ursachen.

der Verletzte, ein Verletzter : le blessé
der Verschwundene, ein Verschwundener : le disparu
der Obdachlose, ein Obdachloser : le sans abri
das Opfer : la victime

8. Formulez des interdictions selon le modèle.
(AZ 180, 181, 182)
Ex. : den Rasen betreten
→ Der Rasen darf nicht betreten werden.

Verbote

1. hier - rauchen
2. das Fahrrad im Haus abstellen
3. die rechte Fahrbahn benutzen
4. Hunde und Katzen halten
5. vor dem Haus - Ball spielen
6. Lärm machen
7. hier - parken
8. die Musik laut stellen
9. hier - links abbiegen
10. bei Rot die Straße überqueren

LES ÉQUIVALENTS DU PASSIF

9. Le sens des phrases avec zu ***+ infinitif peut correspondre à celui des phrases au passif avec*** müssen ***ou*** können. ***Faites des transformations en vous aidant des indications entre parenthèses pour le choix entre*** müssen ***et*** können***.*** *(AZ 183)*
Ex. : Daran ist nichts zu ändern.
→ Daran kann nichts geändert werden.

1. Die Arbeit ist morgen abzugeben.
2. Dieser Text ist nicht zu übersetzen. (Er ist zu schwierig.)
3. Dieser Text ist nicht zu übersetzen. (Wir machen ihn erst nächste Woche.)
4. Das ist noch zu überlegen.
5. (Es tut mir leid.) Da ist nichts zu machen.

10. Transformez les expressions avec bekommen ***en phrases au passif.*** *(AZ 183)*
Ex. : Gestern habe ich diesen Roman geschenkt bekommen.
→ Gestern ist mir dieser Roman geschenkt worden.

1. Zu Weihnachten bekam mein Bruder eine Klarinette geschenkt.

2. Jeden Morgen bekamen sie die Milch ins Haus gebracht.
3. Am 30. des Monats bekomme ich mein Gehalt ausgezahlt.
4. Heute bekommen wir die Möbel geliefert.
5. Hast du auch diese Reklame geschickt bekommen ?

ÉVALUATION 10

Transformez au passif en respectant le temps.

Einbruch

1. Man meldete einen Einbruch bei der Polizei.
2. Man hatte in der Villa des Bankiers eingebrochen.
3. Ein Nachbar benachrichtigte den Besitzer.
4. Die Einbrecher hatten die Fensterscheiben eingeschlagen.
5. Die Diebe hatten wertvollen Schmuck gestohlen.
6. Man suchte wichtige Akten.
7. Man fand zerbrochene Sektflaschen.
8. Die Polizei überraschte die Einbrecher im Keller.
9. Der Kommissar verhaftete die Diebe.
10. Man brachte die Einbrecher aufs Polizeiamt.

der Einbruch, ¨e : le cambriolage
der Einbrecher, - : le cambrioleur
einschlagen : casser
der Schmuck : les bijoux
der Dieb : le voleur
verhaften : arrêter

LES SIX VERBES DE MODALITÉ, FORMES ET SENS

1. M. Scholz et son fils discutent. Complétez par le verbe de modalité indiqué entre parenthèses. *(AZ 265, 83, 146, 147, 233, 276, 277, voir aussi ce cahier : 7.4)*

Gespräch am Samstag nachmittag

1. Ingo Scholz : "Ich ... nachher unbedingt in die Stadt." *(müssen)*
2. Herr Scholz : "Warum ... du denn so früh weg ?" *(wollen)*
3. "... du nicht ein paar Minuten warten ?" *(können)*
4. "Wir... ja auch in die Richtung, zu Fischers." (wollen)
5. "... du nicht mitkommen ?" *(möcht-)*
6. "Wir... dich ja im Zentrum absetzen." *(können)*
7. Ingo : " ... ich lieber allein mit dem Golf fahren ?" *(dürfen)*
8. "Ich ... heute abend mit Annette ins Kino gehen." *(möcht-)*
9. "Ich ... den Film zwar nicht, aber Annette ...... ihn unbedingt sehen." *(mögen, wollen)*
10. "... ich euch anrufen, falls es etwas später wird ?" *(sollen)*

2. Complétez par le verbe de modalité demandé au parfait. *(AZ 265, 83, 146, 147, 233, 276, 277, voir aussi dans ce cahier : 7.4)*

1. Gestern ... ich leider nicht kommen .... *(können)*
2. Den alten Musiklehrer ... wir nie .... *(mögen)*
3. Georg ... an der Versammlung nicht teilnehmen .... *(wollen)*
4. Peter ... ein neues Zimmer mieten .... *(müssen)*
5. Karin ... heute ihre Englischvokabeln nicht .... *(können)*
6. Früher ... ich Fisch nie essen .... *(mögen)*
7. Habe ich dir weh getan ? Das tut mir leid. Das ... ich nicht .... *(wollen)*
8. Heiko ... gestern nicht ins Rockkonzert .... *(dürfen)*
9. ... du nicht heute zum Direktor gehen ... ? *(sollen)*
10. ... du alle deine Freunde einladen ... ? *(dürfen)*

3. *Complétez par le verbe de modalité demandé au subjonctif II présent.* *(AZ 265, 83, 146, 147, 233, 276, 277)*

1. ... wir unser Treffen nicht auf nächste Woche verschieben ? *(können)*
2. Du ... etwas pünktlicher sein ! *(sollen)*
3. ... ich Sie bitten, mir das Buch zurückzulegen ? *(dürfen)*
4. Es sieht aus, als ... es regnen. *(wollen)*
5. Eigentlich ... ich heute zum Zahnarzt. *(müssen)*
6. Er tat, als ... er kein Wort Deutsch. *(können)*
7. Der Polizist sagte, wir ... hier nicht parken. *(dürfen)*
8. Er ... ein guter Arzt werden, wenn er es nur ... . *(können, wollen)*
9. ... ihr heute abend Zeit haben, dann kommt doch bei uns vorbei. *(sollen)*
10. Wenn du jetzt nicht in die Uni ... , ... wir zusammen spazieren gehen. *(müssen, können)*

4. *Traduisez.* *(AZ 265, 83, 146, 147, 233, 276, 277)*

1. Paul veut étudier le droit.
2. Karl voudrait devenir pilote de ligne.
3. Il faudra en reparler ! *(Wir...)*
4. Puis-je vous demander une cigarette ?
5. Vous n'avez pas le droit de fumer ici.
6. Voulez-vous que j'ouvre la fenêtre ?
7. Je ne veux pas entendre ces paroles.
8. Il ne faut pas vendre cette maison ! *(passif)*
9. Veux-tu que je vienne te chercher à la gare ?
10. Il faut que tu arrives à l'heure au bureau.
11. Crois-tu que nous devons traduire ce texte ?
12. La petite Sandra, marche-t-elle déjà ?
13. Il n'a jamais aimé le fromage.
14. J'allais partir lorsqu'on frappa à la porte.
15. Tu aurais dû l'aider.

5. *Remplacez les expressions en italique par un verbe de modalité et reformulez la phrase.*
(AZ 265, 83, 146, 147, 233, 276, 277)

1. Er *hat die Absicht*, im Ausland zu arbeiten.
2. Alle Bürger *sind verpflichtet*, Steuern zu bezahlen.
3. *Es ist geplant*, hier ein neues Stadion zu bauen.

4. Pierre *ist nicht in der Lage*, ein Gespräch auf deutsch zu führen.
5. *Er hat mir empfohlen*, mehr Sport zu treiben.
6. Ich *habe Lust*, mir einen Krimi anzuschauen.
7. Sie *hat nicht die Erlaubnis bekommen*, nach Berlin zu fahren.
8. *Es ist nicht notwendig*, daß du mir den Weg noch einmal erklärst.
9. *Es ist verboten*, vor der Kirche zu parken.
10. *Es war mir nicht möglich*, rechtzeitig da zu sein.

die Absicht haben : avoir l'intention
verpflichtet sein : être obligé
die Steuer : l'impôt
geplant sein : être prévu
das Stadion : le stade
in der Lage sein : être en mesure
die Erlaubnis : la permission
notwendig sein : être nécessaire

LES SENS SPÉCIAUX DES VERBES DE MODALITÉ

6. Reformulez les phrases en remplaçant les expressions en italique par un verbe de modalité servant à l'expression de la probabilité ou informant sur la source d'information. *(AZ 265, 83, 146, 147, 233, 276, 277)*

1. *Man sagt*, daß Michael ein guter Tennisspieler ist.
2. Er *behauptet*, er sei der beste Tennisspieler der Welt.
3. Hans ist *bestimmt* krank. Sonst wäre er schon da.
4. Wie alt ist *wohl* Gisela ?
5. Sie ist *vielleicht* 25 Jahre alt.
6. *Möglicherweise* ist sie aber auch schon 30.
7. Sie *behaupten*, alles verstanden zu haben.
8. *Es heißt*, Johann habe eine große Erbschaft gemacht.
9. *Man erzählt* von ihm, er sei sehr reich.
10. *Vermutlich* stimmt das auch.

7. Traduisez ces suppositions sur la venue de Piere en vous servant des sens spéciaux des verbes de modalité. *(AZ 265, 83, 146, 147, 233, 276, 277)*

Vermutungen über Peters Kommen

1. Quelle heure peut-il bien être ?
2. Pierre devrait être là depuis longtemps.
3. Pierre appelle. Il prétend avoir manqué son avion.

4. Il a dû arriver en retard à l'aéroport.
5. Il se peut aussi qu'il y ait eu du brouillard.
6. Mais il se pourrait qu'il y ait eu une grève.
7. On dit qu'il a neigé à Francfort.
8. Il y a de fortes chances pour qu'il ne vienne plus aujourd'hui.
9. Il paraît qu'il n'y a pas de vol demain pour Paris.
10. Qu'est- ce que cela peut bien signifier ?

É V A L U A T I O N 11

Complétez le texte par le verbe de modalité qui convient.

Der schiefe Turm zu Pisa

Der weltberühmte Bau … nicht mehr bestiegen werden. Er … sich immer mehr zur Seite neigen. Es … schnell eine Lösung gefunden werden, um sein Umstürzen zu verhindern. Die Fachleute fragen sich, wie das vermieden werden … . Man … das höhere Teil des Fundaments mit 600 Tonnen Blei beschweren. Dadurch … der Turm gerettet werden. Aber es … für seine Rettung wohl schon zu spät sein. Vielleicht … man mit den Rettungsaktionen Zeit gewinnen ? Niemand … sagen, wie lange der Turm noch stehen wird. Manche denken, der Turm … von einem heftigen Sturm umgestürzt werden.

der schiefe Turm : la tour penchée
etw. besteigen : monter sur qch.
sich neigen : se pencher
die Fachleute : les spécialistes
verhindern : empêcher
vermeiden : éviter
das Fundament : les fondations
das Blei : le plomb
etw. beschweren : alourdir qch.
die Rettung : le sauvetage
umstürzen : renverser

12 Les préverbes

LES PRÉVERBES SÉPARABLES

1. Mettez les phrases suivantes au parfait. *(AZ 195,196)*

1. Ich denke über deine Frage nach.
2. Trinkst du dein Glas aus ?
3. Er faßte das Wichtigste noch einmal zusammen.
4. Wir fahren immer am Fernsehturm vorbei.
5. Nimmst du auch an der Veranstaltung teil ?
6. Ich lade heute alle meine Freunde ein.
7. Mehrere Staatschefs wohnten dem Empfang bei.
8. Der Mond ging langsam auf.
9. Die Sonne geht am Horizont unter.
10. Er legt den Kollegen seine Ansichten dar.

2. Supprimez dans les phrases suivantes l'expression à l'inifinitif selon le modèle. *(AZ 195,196)*
Ex. : Das Wetter scheint sich aufzuhellen.
→ Das Wetter hellt sich auf.

1. Peter scheint seinen Irrtum zuzugeben.
2. Bernd hat vor, im Gasthof “Zum Löwen” abzusteigen.
3. Ich hoffe, euch nächstes Jahr wiederzusehen.
4. Ein schweres Gewitter scheint loszubrechen.
5. Klaus hofft, nicht zu spät zurückzukommen.
6. Der Film scheint schon anzufangen.
7. Christa hofft, rechtzeitig einzutreffen.
8. Die Blätter scheinen schon abzufallen.
9. Er glaubt, einen Skandal hervorzurufen.
10. Der Hund scheint uns nachzulaufen.

3. Complétez par hin ***ou*** her. *(AZ 112)*

1. “Komm mal ... ! Ich will dir etwas zeigen.”
2. “Geh nicht ... ! Er ist schlechter Laune !”
3. Alte Leute schauen gern zum Fenster ...aus.
4. Der Mann mit dem schwarzen Hut geht die Straße ...auf.
5. Heute abend gehen wir zu Schmidts. Geht ihr auch ... ?

6. "Wirf mir bitte den Schlüssel ...unter. Die Haustür ist zu."
7. Die Nachbarin klopft an die Tür. Frau Lange ruft : "Kommen Sie bitte ...ein !"
8. "Würden Sie mir bitte helfen, den Koffer ...aufzutragen ?"
9. Peter ruft : " Karin, komm ein bißchen ...aus. Wir wollen Ball spielen."
10. "Geh bitte ... unter und hol eine Flasche Wein aus dem Keller !"

LES PRÉVERBES INSÉPARABLES

4. Remplacez le verbe et son complément par le verbe à préverbe be- ***correspondant. Modifiez la phrase selon le modèle.*** *(AZ197)*

Ex. : Du hast nicht auf meine Frage geantwortet.
→ Du hast meine Frage nicht beantwortet.

1. Seit wann wohnt ihr in dieser Villa ?
2. Sein Traum ist es, auf den Mont Blanc zu steigen.
3. 1813 siegten die verbündeten Armeen über Napoleon.
4. Unsere Freunde achteten nicht auf unseren Vorschlag.
5. Leider folgt Udo unserem Rat nie.
6. Alle staunten über seine Kenntnisse in Geschichte.
7. Er kämpfte sein Leben lang gegen die Ungerechtigkeit.
8. Als Peter ins Zimmer trat, verstummten alle.
9. Auf dieser Straße darf man nicht fahren. *(passif)*
10. Alle trauerten um den Präsidenten.

verbündet : allié
die Ungerechtigkeit : l'injustice
verstummen : se taire
trauern um + acc. : être en deuil de

5. Complétez par le préverbe inséparable qui convient. *(AZ 197-202)*

1. Seit der Schulzeit habe ich schon vieles wieder ...lernt.
2. Wer hat diese Fensterscheibe ...brochen ?
3. Das Schiff war mit gefährlichen Giften ...laden.
4. Wir wurden von unseren Freunden herzlich ...fangen.
5. Wer hat das Telefon ... funden ?
6. Sämtliche Papiere sind bei dem Unglück ...brannt.
7. Durch Inge habe ich ...fahren, daß Uwe krank ist.
8. Einige Häuser wurden durch das Erdbeben ...stört.

9. Wir haben uns im Wald ...laufen.
10. Wem ...hören diese Schlüssel ?

LES PRÉVERBES MIXTES

6. Choisissez la bonne forme. (AZ 203)

1. Er ist zu einem anderen Thema ... .
   a. übergegangen b. übergangen
2. Die Großmächte haben den Vertrag ... .
   a. untergeschrieben b. unterschrieben
3. Er hat auch diesmal seinen Kopf ... .
   a. durchgesetzt b. durchsetzt
4. Heinrich der Vierte ist zum Katholizismus ... .
   a. übertreten b. übergetreten
5. Ich habe das Manuskript noch einmal ... .
   a. umarbeitet b. umgearbeitet
6. Ich habe dein Glas nicht ganz ... .
   a. vollgegossen b.vollgossen
7. Der Gärtner hat die Rosen im Beet ... .
   a. umpflanzt b. umgepflanzt
8. Franz Schubert hat seine 8. Sinfonie nicht ... .
   a. vollendet b. vollgeendet
9. Der Gärtner hat das Beet mit Rosen ... .
   a. umgepflanzt b. umpflanzt
10. Die Sekretärin hat ein paar Tippfehler ... .
    a. übergesehen b. übersehen

7. Traduisez par un verbe à préverbe mixte. (AZ 203)

1. Tu exagères toujours.
2. Le médecin l'a examiné avec soin.
3. La maison est entourée d'un grand jardin.
4. As-tu déjà traduit un poème ?
5. Pendant la tempête, le vieil arbre s'est renversé.
6. Crois-tu que que je l'ai persuadé ?
7. As-tu lu ce roman d'un bout à l'autre ?
8. Pourquoi m'interromps-tu toujours ?
9. La Mercedes blanche a renversé un piéton.
10. Le douanier a fouillé ma valise.

le douanier : der Zöllner **fouiller :** durchsuchen

Complétez ce récit d'un retour de vacances par le verbe à préverbe qui convient.

Böse Überraschung

Merkels sind guterholt aus den Ferien ... *(zurückkommen)*. Da sahen sie von weitem, daß in ihrem Haus ... *(einbrechen)* worden war. Die Haustür war nur ... *(anlehnen)*, die Fensterscheiben waren ... *(einschlagen)*, und der Rasen war ... *(zertreten)*. Was für eine böse Überraschung, als sie das Haus ... *(betreten)* ! Sie ...das reinste Chaos ... *(vorfinden)* ! Die Möbel waren ... *(umstürzen)*, die Schränke ... *(durchwühlen)*, die Kleidung war ... *(herauswerfen)*. Die Telefonleitung war ... *(durchschneiden)*, der Schreibtisch ... *(aufbrechen)*, wichtige Papiere waren ... *(zerreißen)*. Sämtliche Sachen waren ... *(durcheinanderwerfen)*, die Bilder waren von der Wand ... *(abnehmen)*, die Tapete war ... *(abreißen)*, die Blumentöpfe waren ... *(umwerfen)*, die Gardinen ... *(herunterreißen)*, der Kühlschrank war ... *(ausleeren)*, und sogar die Badewanne war ... *(überlaufen)* !

die böse Überraschung : la mauvaise surprise
aufbrechen : fracturer
durchwühlen : fouiller
durcheinanderwerfen : jeter pêle-mêle
ausleeren : vider
überlaufen : déborder

13 Le groupe infinitif

L'ORDRE DES ÉLÉMENTS DANS LE GROUPE INFINITIF

1. Remettez les éléments suivants dans l'ordre fondamental du groupe infinitif. *(AZ 164, 108, 119)*
Ex. : abgeschickt - einen Brief - will - haben
→ einen Brief abgeschickt haben will

1. gefahren - sein - in die Stadt
2. sein - verärgert
3. können - Klavier - spielen

4. worden - abgeschickt - zu spät - war
5. lösen - eine schwierige Aufgabe - sollen
6. wohnen - auf dem Land - wollen
7. gedauert - lange - haben
8. bezahlt - rechtzeitig - wird - werden
9. gezittert - vor Kälte - haben
10. verstehen - kein Wort

2. Traduisez en respectant l'ordre du groupe infinitif.
(AZ 164, 108, 119)
Ex. : devoir arriver à temps
→ rechtzeitig ankommen müssen

1. voyager seul
2. aimer manger de la glace
3. habiter en Suisse
4. vouloir aller à Hambourg
5. savoir nager
6. avoir été envoyé
7. avoir été heureux
8. lire un livre allemand
9. avoir été au théâtre
10. avoir voulu sauter

LA PRÉSENCE OU L'ABSENCE DE "ZU"

3. Exprimez des envies et des rêves en commençant par le groupe infinitif sujet. *(AZ 119)*
Ex. : Lire un policier, (cela) me fait plaisir.
→ Einen Krimi (zu) lesen, (das) macht mir Spaß.

Träume

1. Faire le tour du monde, c'est mon rêve.
2. Avoir une maison en Toscane, ce serait idéal.
3. Savoir peindre comme Picasso, ce serait fantastique.
4. Traverser le Sahara, ce serait passionnant.
5. Aller en train à Vladivostok, ce serait intéressant.
6. Se lever à10 heures tous les matins, ce ne serait pas fatigant.
7. Aller à la pêche à la ligne, ce serait reposant.
8. Faire du vélo tous les soirs, ce serait bon pour la santé.

9. Faire de la voile tout l'été, ce serait génial !
10. Boire du champagne tous les jours, ce serait agréable.

le tour du monde : die Weltreise
fantastique : phantastisch
passionnant : aufregend
fatigant : ermüdend
aller à la pêche à la ligne : angeln gehen
reposant : erholsam
faire de la voile : Segelsport treiben

4. Traduisez par un groupe infinitif complément sans *zu.*
(AZ 282, 95, 176)

1. Il s'est fait envoyer un livre d'Allemagne.
2. Elle l'a vu venir de loin.
3. Pourrais-tu m'acheter mon billet de train ?
4. J'ai fait réserver une place pour Munich.
5. Vas-tu faire des courses maintenant ?
6. Le dimanche matin, j'aime aller nager.
7. Restez donc assis !
8. A l'arrivée, j'ai senti battre mon coeur.
9. Laisse donc jouer les enfants !
10. Je l'ai vu couché par terre.

5. Traduisez par les verbes lernen, lehren, helfen, haben, sein. ***Faut-il mettre*** zu ***ou non ?*** *(AZ 282)*

1. J'ai appris à nager très tôt.
2. C'est mon père qui m'a appris à jouer du piano.
4. As-tu encore beaucoup à faire pour demain ?
5. Pourrais-tu aider l'aveugle à traverser la rue ?
6. Là, il n'y a vraiment rien à faire !
7. Aide-moi à trouver une réponse ! *(2 solutions)*
8. Aide-moi à porter cette pierre jusqu'au lac.
9. Il n'a jamais appris à être ponctuel.
10. Notre professeur nous a appris à écrire correctement. *(2 solutions)*

6. Traduisez par un groupe infinitif complément avec *zu.*
(AZ 119, 281, 282)

1. Max a l'intention d'écrire un livre.
2. Il n'est pas facile d'ouvrir cette porte.
3. As-tu envie de m'accompagner au concert ?

4. Georg a peur de perdre son travail.
5. J'ai oublié de fermer la porte à clef.
6. Je suis content de vous connaître.
7. Il est difficile de l'informer.
8. As-tu le temps de traduire cet article ?
9. J'ai réussi à passer le permis.
10. Il n'est pas nécessaire de m'appeler ce soir.

fermer à clef : etw. abschließen
connaître qn : jn kennenlernen
informer qn : jn benachrichtigen
passer le permis : die Fahrprüfung bestehen

7. Traduisez par un groupe infinitif complément. Décidez s'il faut mettre zu ***ou non.*** *(AZ 282)*

1. Il croit avoir tout compris.
2. Il n'ose pas s'adresser à vous.
3. Je pense pouvoir venir bientôt.
4. Ton frère ne sait pas apprécier ton aide.
5. Claire prétend tout savoir.
6. Il paraît être heureux.
7. Pierre ne semble pas s'ennuyer.
8. Elle s' imagine être la première.
9. Gustave espère gagner au loto.
10. J'ai préféré ne rien dire.

apprécier qch. : etw. schätzen
prétendre qch. : etw. behaupten
s'imaginer : sich etw. einbilden
gagner au loto : im Lotto gewinnen

LES GROUPES INFINITIFS SUBORDONNÉS INTRODUITS PAR "UM ZU", "OHNE ZU", "ANSTATT ZU"

8. Racontez le voyage de Peter en reliant les deux phrases par um zu. *(AZ 120)*

Ex. : Peter fuhr nach München. Er wollte an einer Konferenz teilnehmen. → Peter fuhr nach München, um an einer Konferenz teilzunehmen.

Reise nach München

1. Peter stand zeitig auf. Er wollte mit dem ersten Zug nach München fahren.

2. Er fuhr mit dem Taxi zum Bahnhof. Er wollte rechtzeitig ankommen.
3. Peter ging zum Zeitungskiosk. Er wollte sich eine Zeitung kaufen.
4. Er ging zum Schalter. Er wollte eine Fahrkarte lösen.
5. Er ging ins Café. Er wollte eine Tasse Kaffee trinken.
6. Er rannte auf den Bahnsteig. Er wollte den Zug noch erreichen.

9. Rapportez les impolitesses d'un collègue en reliant les deux phrases par ohne zu. *(AZ 120)*
Ex. : Udo ist ausgezogen. Er hat die Miete nicht bezahlt.
→ Udo ist ausgezogen, ohne die Miete zu bezahlen.

Ein unhöflicher Kollege

1. Udo betrat das Büro. Er grüßte nicht.
2. Er ging weg. Er verabschiedete sich nicht.
3. Er ging an seinem ehemaligen Kollegen vorbei. Er bemerkte ihn nicht.
4. Er ging zum Direktor. Er meldete sich nicht an.
5. Er rief mitten in der Nacht an. Er entschuldigte sich nicht.

10. Commentez le comportement d'un automobiliste en reliant les deux phrases par anstatt zu. *(AZ 120)*
Ex. : Uwe hat während der Reise keine Pause gemacht. Er ist ohne Unterbrechung bis nach Berlin gefahren.
→ Anstatt während der Reise eine Pause zu machen, ist er ohne Unterbrechung bis nach Berlin gefahren.

Ein rücksichtsloser Autofahrer

1. Uwe hat an der Ampel nicht angehalten. Er ist bei Rot über die Kreuzung gefahren.
2. Er hat keine Rücksicht auf die Fußgänger genommen. Er ist schnell durchgefahren.
3. Er hat nicht auf dem Parkplatz geparkt. Er hat sein Auto auf dem Bürgersteig abgestellt.
4. Er hat das Stopschild nicht beachtet. Er ist sofort weitergefahren.
5. Er hat nach dem Unfall die Polizei nicht angerufen. Er ist einfach weggefahren.

→

die Unterbrechung : l'interruption
rücksichtslos : sans égards
Rücksicht nehmen : prendre des égards
die Kreuzung : le carrefour
durchfahren : ne pas s'arrêter
parken : stationner
der Bürgersteig : le trottoir

L'INFINITIF SUBSTANTIVÉ

11. Combinez l'expression de la colonne de gauche avec le bon infinitif substantivé de la colonne de droite. *(AZ 121)*

1. Er ist ... eingeschlafen.	a. zum Lachen
2. Bist du ... noch nicht fertig ?	b. beim Segeln
3. Er hat sich ... das Knie verletzt.	c. beim Fernsehen
4. Er ist ... ins Wasser gefallen.	d. beim Skifahren
5. Seine Witze bringen alle ...	e. mit dem Kofferpacken

12. Transformez le groupe infinitif en infinitif substantivé selon le modèle. *(AZ121)*
Ex. : In Berlin umzusteigen, ist kompliziert.
→ Das Umsteigen in Berlin ist kompliziert.

1. Diese Kreuzung zu überqueren, ist gefährlich.
2. Im Flugzeug zu sitzen, ist anstrengend.
3. Mit dem ICE-Zug zu fahren, ist angenehm.
4. Auf dem neuen Münchner Flughafen zu landen, ist interessant.
5. In München zu übernachten, macht Spaß.

TRADUCTIONS DE GROUPES INFINITIFS FRANÇAIS : CESSER DE, CONTINUER À, COMMENCER À, FINIR PAR, ALLER FAIRE, VENIR DE, ÊTRE EN TRAIN DE, ÊTRE SUR LE POINT DE

13. Traduisez les expressions françaises contenant un infinitif par un verbe conjugué et un adverbe allemands. *(AZ 57, 62, 91, 98, 256)*
Ex. : Il ne cesse de neiger.
→ Es schneit unaufhörlich.

1. Il continue à la fréquenter.
2. Le jour va bientôt se lever.

3. Il a commencé par dire “non”, mais il a fini par dire “oui”.
4. Il ne cesse de pleuvoir.
5. Il n’a pas fini de raconter son histoire.
6. Tous continuent à l’écouter.
7. On vient de frapper à la porte. *(Jemand ...)*
8. J’allais t’appeler.
9. Depuis la semaine dernière, elle a cessé de fumer.
10. Elle venait de sortir lorsque le téléphone sonna.

fréquenter qn : mit jm verkehren
se lever (le jour) : Tag werden

TRADUCTIONS DE GROUPES INFINITIFS FRANÇAIS : AIMER, PRÉFÉRER, C’EST À ..., FAIRE FAIRE, LAISSER FAIRE, LE PREMIER, DIRE, IL ARRIVE DE, LE MIEUX, L’ESSENTIEL

*14. **Traduisez.** (AZ 17, 60, 95,122,187)*

1. Elle aime jouer au tennis.
2. C’est à toi de savoir ce que tu veux !
3. Je préfère le pain noir au pain blanc.
4. Il était le premier à perdre son travail.
5. Elle a laissé tomber le vase en cristal.
6. Elle s’est fait faire sa robe de mariage.
7. Il m’arrive de me tromper de chemin.
8. Il m’a dit de l’appeler ce soir même.
9. Le mieux serait de ne pas lui en parler.
10. L’essentiel, c’est d’être en bonne santé.

la robe de mariage : das Hochzeitskleid
se tromper de chemin : sich im Weg täuschen

Décidez s'il faut mettre* zu *ou non.

1. Er fragt mich, ob er heute ... kommen darf.
2. Das Kind hat mit zwei Jahren ... laufen gelernt.
3. Ich will jetzt nicht anfangen, mit dir darüber ... diskutieren.
4. Du weißt, daß du das nicht ... machen brauchst.
5. Weißt du, daß du das ... machen mußt ?
6. Gerda hat mir versprochen, mich heute abend an ...rufen.
7. Ich habe ihn von weitem ... kommen sehen.
8. Ich möchte jetzt gern eine Tasse Tee ... trinken.
9. Gibt es hier etwas ... essen ?
10. Sie hat sich ein Ballkleid ... machen lassen.

14 L'ordre des mots

L'ORDRE FONDAMENTAL DU GROUPE VERBAL

1. Remettez les éléments suivants dans l'ordre fondamental du groupe verbal. Faites ensuite des énonciatives à l'aide du sujet indiqué entre parenthèses. *(AZ 109,164, 165, 166, 167)*

Ex. : haben - gedauert - 3 Jahre lang (die Verhandlungen)
→ drei Jahre lang gedauert haben
→ Die Verhandlungen haben drei Jahre lang gedauert.

1. nur schlecht - Alkohol - können - vertragen (Thomas)
2. bald - fahren - nach Frankreich - sollen (unser Kollege)
3. sein - gewesen - berufstätig - lange (meine Mutter)
4. entlassen - aus dem Gefängnis - sein - worden (Ralf)
5. in der Schweiz - wollen - gern - leben (viele Leute)
6. Cello - sehr gut - können - spielen (Bettina)
7. geschickt - dorthin - sein - worden (der Soldat)
8. darauf - sein - vorbereitet - gründlich (der Kandidat)

berufstätig : avoir un emploi **gründlich :** à fond
das Cello : le violoncelle

2. Traduisez en respectant l'ordre du groupe verbal. Faites ensuite des énonciatives à l'aide du sujet indiqué entre parenthèses. *(AZ 109,164, 165, 166, 167)*

Ex. : traduire un texte en allemand (Jens)
→ einen Text ins Deutsche übersetzen
→ Jens übersetzt einen Text ins Deutsche.

1. être très fatiguée (Tina)
2. avoir toujours faim (Stefan)
3. rester coucher au lit (Arnd)
4. avoir attendu ses amis (Karl)
5. se promener dans la forêt (Ursula)
6. avoir toujours été ponctuel (Eva)
7. vouloir apprendre à nager (Elke)
8. cesser de pleurer (Susi)
9. partir pour le Japon (Volker)
10. avoir été licencié (Jürgen)

3. Décrivez le séjour à l'hôpital de Gisela. Construisez des énonciatives affirmatives à partir des groupes verbaux et de l'élément donné entre parenthèses.
(AZ 109,164, 165, 166, 167)

Ex. : lange krank gewesen sein (Gisela)
→ Gisela ist lange krank gewesen.

Eine lange Krankheit

1. operiert werden müssen haben (Gisela)
2. drei Wochen im Krankenhaus liegen müssen (sie)
3. sie besuchen kommen (viele Freunde)
4. große Blumensträuße mitbringen (sie)
5. auf baldige Besserung hoffen (alle)
6. sich selten langweilen (Gisela)
7. interessante Romane lesen (sie)
8. häufig fernsehen (sie)
9. eine baldige Entlassung aus dem Krankenhaus versprechen (der Arzt)
10. nun nach Hause geholt werden können (Gisela)

4. Demandez ce que doit faire Gisela pour se rétablir. Construisez des interrogatives globales à partir des éléments donnés. *(AZ 109, 127)*
Ex. : Gisela - viel spazieren gehen sollen
→ Soll Gisela viel spazieren gehen ?

Erholungsaufenthalt

1. Gisela - einen Erholungsaufenthalt bekommen
2. der Arzt - eine Kur verschrieben haben
3. Gisela - in ein Erholungsheim geschickt werden
4. sie - einige Wochen im Gebirge verbringen sollen
5. sie - viel Ruhe brauchen
6. sie - viele Medikamente einnehmen müssen
7. sie - Gymnastik treiben dürfen
9. sie - schwimmen gehen sollen
10. sie - im Gebirge wandern dürfen

der Erholungsaufenthalt : le séjour de convalescence
die Kur : la cure
verschreiben : préscrire
das Erholungsheim : la maison de repos

LA PLACE DU VERBE

5. Introduisez la forme verbale à la bonne place. *(AZ 165, 166, 167)*

1. Zum Abendessen Klaus gern Weißwein. *(trinkt)*
2. mich doch bitte heute abend an ! *(ruf)*
3. Warum Günter jeden Abend die Zeitung ? *(lesen muß)*
4. Weißt du, warum Karin gestern nicht zu unserem Fest ? *(kommen können hat)*
5. Jochen in Göttingen oder in Heidelberg ? *(studiert hat)*

6. Insérez le verbe conjugué entre parenthèses à la bonne place dans la phrase. *(AZ 165, 166, 167)*

1. Weißt du, warum Inge schon abreisen wollen ? *(hat)*
2. Letztes Jahr hier nicht viel Schnee gefallen. *(ist)*
3. Stimmt es, daß Uwe sich das Bein gebrochen ?*(hat)*
4. Jetzt ich gern eine Tasse Tee trinken. *(möchte)*
5. du endlich fertig ? *(bist)*

LA PLACE DES ADVERBES DE LIAISON (MODALISATEURS)

7. Déplacez les modalisateurs de la première place vers l'intérieur de la phrase. À quelle place s'insèrent t-ils ?
(AZ 168)
Ex. : Vielleicht kommen Müllers zu Besuch.
→ Müllers kommen vielleicht zu Besuch.

1. *Wahrscheinlich* wird es heute regnen.
2. *Eigentlich* müßte Peter schon da sein.
3. *Vermutlich* ist Klaus zu spät weggefahren.
4. *Bekanntlich* ist Rauchen schädlich für die Gesundheit.
5. *Glücklicherweise* kam bei dem Unfall niemand um.
6. *Leider* haben wir von Peter seit langem nichts gehört.
7. *Bestimmt* hat Inga sich über deine Antwort geärgert.
8. *Offensichtlich* braucht Günther wieder einmal Geld.
9. *Sicher* sind die Karten für das Konzert schon ausverkauft.
10. *Seltsamerweise* ging die Tür von allein auf.

LA PLACE DES COMPLÉMENTS DANS LA PROPOSITION

8. Insérez les compléments entre parenthèses à la bonne place. Commencez si possible par le sujet.
(AZ 169)

1. ... haben ... ... übernachtet. *(in einem guten Hotel, letztes Jahr, in München, wir)*
2. Kannst ... ... erinnern ? *(dich, an unseren alten Lehrer, du)*
3. ... hat ... ... ausgelesen. *(Axel, noch nicht ganz, den Krimi)*
4. ... ist ... ... gefallen. *(Schnee, den ganzen Tag, gestern)*
5. ... waren ... ... *(auf dem Bauernhof, bei unseren Großeltern, oft, wir)*
6. ... ist ... ... gegangen. *(nach Hause, früher als wir, Jens, gestern)*
7. ... leidet ... . *(an einer Bronchitis, Hans, seit ein paar Wochen)*
8. Willst ... ... gehen ? *(mit mir, ins Museum, am Sonntag, du)*
9. Habt ... ... aufgeschrieben ? *(euch, ihr, genau, unsere Adresse)*

10. … haben … … … gesehen. *(im Wald, wir, letzten Winter ein Reh)*

9. *Transformez le complément d'objet direct défini en complément d'objet indéfini et déplacez celui-ci.*
(AZ 169)
Ex. : Wir haben die Reise nach Kanada schon seit langem geplant. → Wir haben schon seit langem eine Reise nach Kanada geplant.

1. Ich möchte diesen Tee heute abend nicht trinken.
2. Wir haben dieses Theaterstück von Brecht schon letzten Sommer gesehen.
3. Onkel Kurt hat die Bonbons unseren Kindern mitgebracht.
4. Meyers hatten diesen Urlaubsplan schon voriges Jahr gemacht.
5. Rudi hat diesen Geldschein in der U-Bahn gefunden.

LA PLACE DES COMPLÉMENTS DANS LA SUBORDONNÉE

10. Traduisez. *(AZ 170, 171)*

1. Crois-tu vraiment que Werner veut aller en Chine l'année prochaine ?
2. J'espère que vous vous êtes bien reposés pendant les vacances.
3. Sais-tu s'ils ont remis la clef au concierge ?
4. Je pense que Jean travaillera comme guide de montagne cet été.
5. Sais-tu si Julia boit du café l'après-midi ?
6. Il a eu peur parce qu'il n'avait pas vu venir la voiture.
7. Je ne crois pas que le film ait duré quatre heures.
8. J'ai appris que Lisa a eu un grave accident.
9. Elle était très contente lorsqu'elle a pu se lever pour la première fois.
10. J'étais sûr que c'était une émission ennuyeuse.

le concierge : der Hausmeister
le guide de montagne : der Bergführer
une émission ennuyeuse : eine langweilige Sendung

Racontez l'histoire suivante en déplaçant chaque fois le sujet à la première place.

Drogenhändler auf freiem Fuß

An einem Januarabend im Jahre 1994 wurden Berliner Kriminalbeamte im Stadtviertel Zoo auf einen Mann aufmerksam. Bei ihrem Anblick ergriff dieser sofort die Flucht. Kurze Zeit später trafen die Beamten wieder auf diesen Mann. Bei der Überprüfung der Personalien konnten sie feststellen, daß der Mann der Polizei bekannt war. Schon mehrmals war er wegen Diebstahls angezeigt worden. Immer war er bald wieder freigekommen. Jetzt hatte er sogar 100 g Haschisch in der Tasche. Vor dem Staatsanwalt gab er an, die Drogen zum eigenen Verbrauch gekauft zu haben. Ihm konnte der Rauschgifthandel nicht bewiesen werden. Bald wurde er wieder auf freien Fuß gesetzt.

der Drogenhändler : le trafiquant de drogues
auf freien Fuß setzen : remettre en liberté
der Kriminalbeamte : l'inspecteur de la police judiciaire
anzeigen : dénoncer
die Überprüfung der Personalien : la vérification d'identité
der Staatsanwalt : le procureur
der Rauschgifthandel : le trafic de drogues
der Verbrauch : la consommation

15 La négation

LA NÉGATION GLOBALE

1. Que peut bien faire Toni ? Niez les phrases suivantes en y insérant la négation globale nicht. *(AZ 148, 168)*

1. Toni geht spät zu Bett.
2. Er liest bis Mitternacht.
3. Am Morgen schläft er lange.
4. Heute morgen bleibt er zu Hause.
5. Am Nachmittag will er zur Universität.
6. Er verpaßt den Bus.
7. Er geht zu Fuß dorthin.

8. Er arbeitet in der Bibliothek.
9. Er gibt die ausgeliehenen Bücher ab.
10. Er hat viel zu lesen.

2. Karin geht einkaufen. Sie fragt, was gebraucht wird. Niez par la négation kein ***ou*** kein … mehr. *(AZ 148, 149, 150)*

Ex. 1. : Brauchen wir Brot ? (das)
→ Nein, wir brauchen kein Brot.
Ex. 2. : Haben wir noch Kaffee ?
→ Nein, wir haben keinen Kaffee mehr.

1. Kaufen wir Zigaretten ? *(die)*
2. Haben wir noch Butter ? *(die)*
3. Brauchen wir Fleisch ? *(das)*
4. Kaufen wir Käse ? *(der)*
5. Haben wir noch Joghurt ? *(der)*
6. Brauchen wir noch Nudeln ? *(die)*

3. Insérez la négation globale nicht ***à la bonne place dans la phrase.*** *(AZ 148, 168)*

1. Wir werden im Juli wahrscheinlich nach Österreich fahren.
2. Warum hast du uns gestern angerufen ?
3. Die Kinder im Zug winkten ihren Eltern fröhlich zu.
4. Ich denke, daß Peter damals in Bremen gelebt hat.
5. Hans hat uns dieses Jahr im August in sein Landhaus eingeladen.
6. Ich habe auf dem Automarkt in Potsdam den schönen Mercedes gekauft.

LA NÉGATION PARTIELLE

4. Stevens entreprend un voyage en Europe pour découvrir les richesses artistiques. Suivez son itinéraire. Utilisez la négation partielle nicht … ***ou*** kein… ***et donnez la rectification avec*** sondern.
(AZ 3, 148, 149,152)

Stevens möchte alle europäischen Kunstschätze sehen

1. Stevens möchte in den Semesterferien … *(faul in der Sonne liegen - sich kulturell bilden).*

2. Zuerst will er nach Griechenland fahren. Dorthin ... *(mit dem Schiff fahren - mit dem Flugzeug hinfliegen).*
3. Aber er ... den Parthenonfries ... *(in Athen finden - in London).*
4. Von London aus will er nach Paris. Er ... *(eine Flugreise buchen - eine Schiffsreise).*
5. In Paris möchte er die Bilder von Matisse sehen. Aber die "Goldfische" und "Der Tanz" von Matisse ... *(in Paris ausgestellt sein - im Puschkinmuseum in Moskau).*
6. Er entschließt sich aber, ... *(nach Moskau - nach Florenz fliegen).*
7. In Florenz ... er ... *(eine Woche - einen ganzen Monat bleiben).*
8. Dort möchte er sich auch die Sixtinische Madonna von Raffael ansehen. Aber leider ... sie ... *(in Florenz - in der Nationalgalerie in Dresden sein).*
9. Nun ist er in Dresden. Aber er ... die Expressionisten der "Brücke" ... *(in Dresden finden - im "Brückemuseum" in Berlin).*
10. Schließlich spart er sich eine Reise in die Türkei, denn der Pergamontempel ... *(in Pergamon stehen - im Pergamonmuseum in Berlin).*

die Kunstschätze : les oeuvres d'art
der Schatz : le trésor

eine Reise buchen : réserver un voyage
sich etw. sparen : faire l'économie de qch.

LES ÉQUIVALENTS DE "ENCORE ...", "NE ... PLUS" / "DÉJÀ ...", "PAS ENCORE ..."

5. Répondez par nicht mehr ***ou*** noch nicht ***aux questions concernant les travaux et les loisirs de la famille Kunz.***
(AZ 150, 153)
Ex. 1 : Frau Kunz : "Arbeitest du noch ?"
→ Herr Kunz : "Nein, ich arbeite nicht mehr."
Ex. 2 : Frau Kunz : "Wollt ihr schon fernsehen ?"
→ Die Kinder : "Nein, wir wollen noch nicht fernsehen."

1. Habt ihr euer Zimmer schon aufgeräumt ?
2. Gehst du heute noch einkaufen ?
3. Willst du jetzt noch Klavier spielen ?
4. Hast du die Großeltern schon angerufen ?

5. Hast du die Zeitung schon gekauft ?
6. Brauchst du den Computer noch ?
7. Habt ihr das Geschirr schon gespült ?
8. Habt ihr noch viel zu tun ?
9. Hast du den Hund schon ausgeführt ?
10. Geht ihr heute abend noch weg ?

6. Répondez par kein… mehr ***ou*** noch kein ***selon le sens.*** *(AZ 150, 153)*

Ex.1 : Hast du schon Hunger ?
→ Nein, ich habe noch keinen Hunger.
Ex. 2 : Habt ihr noch Durst ?
→ Nein, wir haben keinen Durst mehr.

Bergers haben viel verkauft und nichts Neues gekauft

1. Habt ihr noch ein Segelboot ?
2. Habt ihr schon einen neuen Computer ?
3. Habt ihr noch ein Landhaus ?
4. Habt ihr schon eine neue Waschmaschine ?
5. Habt ihr noch ein Auto ?
6. Habt ihr schon einen neuen Fernseher ?
7. Habt ihr noch einen Garten ?
8. Habt ihr schon eine eigene Wohnung ?
9. Habt ihr noch einen Hund ?
10. Hast du schon eine Arbeit gefunden ?

LES ÉQUIVALENTS DE “NI … NI”

7. Paul est un homme tout à fait moyen. Traduisez en utilisant weder … noch***.*** *(AZ 270)*

1. Paul n’est ni grand ni petit.
2. Il n’a ni femme ni enfants.
3. Il n’est ni riche ni pauvre.
4. Il n’a connu ni son père ni sa mère.
4. Il ne possède ni maison ni voiture.
5. Il ne va ni au théâtre ni au cinéma.
6. Il n’a été ni en Afrique ni en Amérique.
7. Il ne sait ni chanter ni dessiner.
8. Il n’a ni ami ni ennemi.
9. Il ne s’y connaît ni en histoire ni en géographie.
10. Il n’aime vivre ni à la campagne ni en ville.

LES ÉQUIVALENTS DE “NE ... RIEN”, “NE ... JAMAIS”, “NE ... PERSONNE”, “NE ... AUCUN”, “NE ... JAMAIS ... RIEN”, “NE ... JAMAIS ... PERSONNE”

8. Pierre ignore tout. Traduisez les phrases suivantes.
(AZ 36, 128, 151, 205)

1. Pierre ne sait rien.
2. Il n’a vu personne.
3. Il n’a jamais recontré Paul.
4. Il n’a rien vu de semblable.
5. Il n’est au courant de rien.
6. Il ne sait jamais rien.
7. Il n’a jamais rencontré personne.
8. Il n’a aidé personne.
9. Personne ne l’aide.
10. Il vit sans aucune aide.

être au courant : auf dem Laufenden sein

É V A L U A T I O N 15

Traduisez.

1. Personne n’a appelé.
2. Notre fille ne va pas encore à l’école.
3. Je n’ai vu aucun de mes amis.
4. Grand-père ne peut plus conduire.
5. La réunion ne s’est pas terminée à 5 heures, mais seulement à 7 heures du soir.
6. Il est 2 heures du matin, et il ne dort pas encore.
7. En passant devant le chantier, il n’a pas ralenti.
8. Je n’ai plus un sou.
9. Je n’ai jamais rien vu de plus beau.
10. Ce n’est pas l’économie qu’il a étudiée, mais le droit.

conduire : Auto fahren
le chantier : die Baustelle
ralentir : langsamer fahren
le sou : der Pfennig
étudier l’économie : die Wirtschaftswissenschaften studieren
le droit : Jura

16 Le degré de l'adjectif et de l'adverbe

LE DEGRÉ D'ÉGALITÉ ET D'INFÉRIORITÉ

1. Formez des phrases avec* so ... wie *au comparatif d'égalité.* *(AZ 38, 63)

Ex. : Ihr Bruder - alt sein - ich
→ Ihr Bruder ist (genau)so alt wie ich.

1. Unser Auto - kaputt sein - eures
2. Diese Übung - schwer sein - die nächste
3. Inge - schnell schwimmen - Petra
4. Kein Mensch - aussehen - ein anderer
5. In diesem Restaurant - man gut essen - im “Löwen”
6. Ich - bald anrufen - möglich

2. Formez des phrases avec* nicht so ... wie *au comparatif d'infériorité. *(AZ 38, 63)*

Ex. : Jean - gut Deutsch können - Olivier
→ Jean kann nicht so gut Deutsch wie Olivier.

1. Der Kaffee - stark sein - der von vorhin
2. Unser Haus - alt sein - eures
3. Euer Garten - schön gepflegt sein - unserer
4. Meine Arbeit - schwierig sein - deine
5. Die Straße - so verstopft *(embouteillé)* - die Autobahn
6. Inge, dieses Jahr - krank gewesen sein - voriges Jahr

gepflegt : soigné **verstopft :** embouteillé

LE DEGRÉ DE SUPÉRIORITÉ

3. Donnez les formes des adjectifs et adverbes au comparatif. *(AZ 64)*

1. gut ...
2. schwach ...
3. nah ...
4. reich ...
5. klug ...
6. groß ...
7. klar
8. jung ...
9. warm ...
10. lang ...
11. kalt ...
12. schön ...
13. krank ...
14. hoch ...
15. scharf...
16. schwer...
17. arm...
18. kurz ...
19. interessant
20. dunkel
21. grob ...

22. gern ...	25. süß ...	28. klein...
23. bald ...	26. dumm ...	29. stark ...
24. alt ...	27. hart ...	30. viel ...

4. Formez des phrases au comparatif de supériorité.
(AZ 64)
Ex. : Der Montblanc - hoch sein - der Watzmann
→ Der Montblanc ist höher als der Watzmann.

1. Meine Schwester - jung sein - deine
2. Peter - gern Wein trinken - Bier
3. Mein Weg zur Uni - lang sein - deiner
4. Heute - das Wetter warm sein - gestern
5. Unsere Kirche - alt sein - das Rathaus
6. Benzin - in der Schweiz billig sein - in Frankreich
7. Wir - bald kommen - vorgesehen
8. Udo - in Mathematik schwach sein - in Sport
9. Die Diskussion - interessant sein - der Vortrag
10. Ich - den Deutschlehrer gut verstehen - meinen Freund Heino

LES ÉQUIVALENTS DE "PLUS...PLUS", "DE PLUS EN PLUS", "D'AUTANT PLUS ... QUE"

5. Traduisez. *(AZ 38, 65, 251)*

1. Il fait de plus en plus froid.
2. Plus il fait chaud, plus nous avons envie d'aller nous baigner.
3. Moins il travaille, moins il réussira.
4. Ces meubles sont d'autant plus chers qu'ils sont anciens.
5. Il a de moins en moins d'amis.
6. Son succès était une surprise, d'autant plus que personne ne le connaissait.
7. Il est de plus en plus souvent absent.
8. Cet accident est regrettable, d'autant plus que la voiture était neuve.
9. Moins il boit, moins il fume, mieux il se sentira.
10. Plus le vin est vieux, meilleur il est.

la surprise : die Überraschung **regrettable :** bedauerlich

6. Donnez pour les adjectifs et adverbes suivants le superlatif de forme adverbiale. *(AZ 241)*

Ex. : gut → am besten

1. kurz...	11. dumm ...	21. kalt ...
2. schön ...	12. reich ...	22. süß ...
3. lebhaft ...	13. bald ...	23. lang ...
4. schwach ...	14. hoch ...	24. alt ...
5. klug ...	15. warm ...	25. gern ...
6. grob ...	16. groß ...	26. schwer...
7. arm...	17. stark ...	27. interessant ...
8. viel ...	18. jung ...	28. gewissenhaft ...
9. scharf...	19. klar ...	29. klein...
10. nah ...	20. dunkel ...	30. hart ...

7. Introduisez l'adjectif ou l'adverbe indiqués en fin de phrase sous la forme du superlatif. *(AZ 241)*

Die 17. Olympischen Winterspiele in Lillehammer

1. Norwegen war der ... Gastgeber aller Winterspiele. *(liebenswürdig)*
2. Die Spiele in Lillehammer waren die ... olympischen Spiele von allen. *(umweltfreundlich)*
3. Die norwegische Mannschaft war mit 26 Medaillen die ... . *(erfolgreich)*
4. Aber die russischen Athleten gewannen ... Goldmedaillen. *(viel)*
5. Der Doppel-Olympiasieger Jens Weißflog sprang im Skispringen am ... . *(weit)*
6. Der Deutsche Markus Wasmeier lief im Riesenslalom ... und holte sich 2 Goldmedaillen. *(schnell)*
7. Im Skilanglauf war die Italienerin Manuela di Centa mit zwei Goldmedaillen die ... . *(leistungsstark)*
8. Den ... Eiskunstlauf zeigte die Ukrainerin Oksana Bayul. *(perfekt)*
9. Die Französin Surya Bonaly war mit ihrem vierten Platz im Eiskunstlauf die ... Sportlerin. *(traurig)*
10. Für alle Sportler werden diese Winterspiele in Lillehammer die ... ihres Lebens sein. *(unvergeßlich)*

liebenswürdig : aimable
der Gastgeber : l'hôte
umweltfreundlich : écologique
das Skispringen : le saut
der Skilanglauf : le ski nordique
leistungsstark : performant
der Eiskunstlauf : le patinage artistique

É V A L U A T I O N 16

Traduisez.

1. Les jeux olympiques ont eu lieu dans une des villes les plus petites de la Norvège.
2. Lillehammer était le village olympique le plus pittoresque que les sportifs aient jamais vu.
3. De tous les jeux olympiques, c'étaient les plus merveilleux.
4. Les paysages de la Norvège ne sont pas moins beaux que ceux des Alpes.
5. Les manifestations sportives ont eu lieu autour du lac Mjösen, le lac le plus grand du pays.
6. Elles étaient moins dispersées qu'en 1990 dans les Alpes.
7. Plus que les autres pays, la Norvège s'est souciée de ne pas détruire l'environnement.
8. Pour le hockey sur glace, une des plus grandes grottes a été taillée dans la roche.
9. De plus en plus de spectateurs suivent les jeux olympiques.
10. Plus les skieurs s'étaient entraînés, plus ils étaient rapides.
11. L'équipe française était moins performante à Lillehammer qu'à Albertville.
12. Tous les sportifs ont donné le meilleur d'eux-mêmes.

pittoresque : malerisch
merveilleux : großartig
les manifestations sportives : die Sportveranstaltungen
dispersé : verstreut
se soucier de : um etwas besorgt sein
détruire l'environnement : die Umwelt zerstören
le hockey sur glace : das Eishockey
la grotte : die Grotte, die Höhle
tailler dans la roche : in den Fels hauen
le skieur : der Skiläufer
s'entraîner : trainieren
performant : erfolgreich
le meilleur d'eux-mêmes : ihr Bestes

17 La relative et la qualificative

LES PRONOMS RELATIFS ET LA RECTION DES VERBES

1. Complétez par le pronom relatif au nominatif, à l'accusatif ou au datif. *(AZ 210, 218 ; voir aussi ce cahier n°6.7 et 6.8)*

1. Wer ist der Politiker, ...
   a) ... eine solche polemische Rede hält ?
   b) ... alle zum Wahlsieg gratulieren ?
   c) ... man in allen Zeitungen sieht ?
2. Die Studenten, ... , beantragten ein Stipendium.
   a) ... die Professoren empfohlen hatten
   b) ... ein Auslandsstudium vorgeschlagen wurde
   c) ... keine eigenen Mittel haben
3. Wer kennt einen Arzt, ...
   a) ... auch am Sonntag Hausbesuche macht ?
   b) ... man jederzeit anrufen kann ?
   c) zu ... man Vertrauen haben kann ?
4. Der Sportler, ... , wird gerade im Fernsehen interviewt.
   a) ... es gelang, eine Goldmedaille zu gewinnen
   b) ... seitdem wieder jeden Tag hart trainiert
   c) für ... sich alle begeistern
5. Meine alte Nachbarin, ... , ist gestorben.
   a) an ... du dich sicher erinnerst
   b) ... dieses Haus gehörte
   c) ... wir oft halfen

LES PRONOMS RELATIFS AU GÉNITIF

2. Combinez les deux phrases selon le modèle suivant. *(AZ 210)*
Ex. : Mein Freund ... ist weggezogen. Seine Eltern sind geschieden. → Mein Freund, dessen Eltern geschieden sind, ist weggezogen.

1. Meine Nachbarin ... hat angerufen. Ihr kleines Kind ist krank.

2. Der Student ... studiert auch Architektur. Sein Vater ist Architekt.
3. Der Krimi ... ist spannend. Die Geschichte wurde verfilmt.
4. Meine Freunde ... kommen etwas später. Ihr altes Auto hatte eine Panne.
5. Die Schriftstellerin ... signiert ihre Bücher. Ihr letzter Roman ist gerade erschienen.

3. Complétez par le pronom relatif au génitif.
(AZ 210, 218; voir aussi ce cahier : n°6.7 et 6.8)

Städte und Landschaften in Deutschland

1. Die Stadt Trier, ... Stadttor "Porta Nigra" aus der römischen Zeit stammt, feiert ihr 2000jähriges Bestehen.
2. Die Museen Dresdens, ... Kunstschätze erhalten geblieben sind, sind eine Reise wert.
3. Das Elbsandsteingebirge, ... zerklüftete Felsen viele Maler anziehen, liegt nicht weit von Dresden.
4. In der Albrechtsburg von Meißen, hinter ... Mauern J.F. Böttger das Porzellan neu erfand, befinden sich Ausstellungen über die Geschichte des Porzellans.
5. Berlin, in ... Zentrum die Ruine der Gedächtniskirche an den Krieg mahnt, wird wieder die Hauptstadt Deutschlands.

das Bestehen : l'existence
zerklüftet : déchiqueté
anziehen : attirer
die Gedächtniskirche : l'église du souvenir
mahnen an + acc. : rappeler le souvenir de

LA TRADUCTION DE "DONT"

4. Traduisez. *(AZ 82, 210, 216, 218)*

1. Cet écrivain, dont on a beaucoup parlé, s'est suicidé.
2. La clinique, dont je connais le médecin-chef, est la meilleure de la ville.
3. La victoire, dont l'équipe était fière, n'avait pas été facile.
4. Ce professeur, dont j'ai fait la connaissance l'année dernière, est archéologue.

5. La police vient d'arrêter les voleurs dont certains n'avaient que quinze ans.
6. L'accident dont Paul était responsable était grave.

se suicider : Selbstmord begehen
le médecin chef : der Chefarzt
l'équipe : die Mannschaft
l'archéologue : der Archeologe
être responsable de : schuld sein an + dat.

LES PRONOMS RELATIFS "WER", "WAS", "WO", "WOHIN" ET "WO(R)" + PRÉPOSITION

5. Complétez. *(AZ 210, 218)*

1. Das ist alles, ... ich brauche.
2. ... wagt, gewinnt.
3. Das einzige, ... ich nicht einverstanden bin, ist dieser Zeitplan.
4. Das ist das Land, ... ich nächstes Jahr fahren möchte.
5. Es gibt manches, ... wir uns geärgert haben.
6. ... zuletzt lacht, lacht am besten.
7. Das, ... ich mich gewundert habe, war sein Verhalten.
8. Das letzte, ... er gedacht hat, war ihr Geburtstag.
9. Alles, ... er stolz war, ist zerstört worden.
10. Da, ... er wohnt, regnet es das ganze Jahr.

LA QUALIFICATIVE

6. Transfomez en relatives ces qualificatives contenant un participe I. *(AZ 210, 213)*
Ex. : die früh zur Arbeit fahrenden Arbeiter
→ die Arbeiter, die früh zur Arbeit fahren

Morgens in der S-Bahn

1. der eine Fahrkarte kaufende Mann
2. die hinter dem Schalter sitzende Frau
3. die in der S-Bahn Zeitung lesenden Leute
4. die auf dem Bahnsteig wartende Menschenmenge
5. der schnell einfahrende Zug

7. Transformez en relatives ces qualificatives contenant un participe II. *(AZ 210, 213)*
Ex. : die zur Geburtstagsfeier eingeladenen Gäste
→ die Gäste, die zur Geburtstagsfeier eingeladen sind / eingeladen wurden / eingeladen worden waren

Geburtstagsfeier

1. die von allen herzlich begrüßten Musiker
2. der beim Empfang angebotene Champagner
3. die von allen mitgebrachten Geschenke
4. der auf den Hausherrn gebrachte Toast
5. die mit Verspätung angekommenen Freunde

8. Transformez ces relatives en qualificatives. *(AZ 210, 213)*

Auf der Universität

1. der Bekannte, der in Greifswald studiert
2. die Studenten, die im Hörsaal versammelt sind
3. die jungen Leute, die im Lesesaal arbeiten
4. die Bücher, die bei der Bibliothek ausgeliehen wurden
5. die Klausuren, die letzte Woche geschrieben wurden
6. die Studentin, die eine Arbeit sucht

der Hörsaal : l'amphithéâtre **der Lesesaal :** la salle de lecture
die Klausur : l'examen écrit

É V A L U A T I O N 17

Traduisez.

1. La maison dont je me souviens avait des volets verts.
2. L'Université d'Erfurt fondée en 1392 *(qualificative)* était une des premières universités d'Allemagne.
3. Le pays où Marc pourrait trouver du travail, c'est l'Australie.
4. Il n'y a rien qui ne puisse intéresser Paul.
5. Cette opération dont elle a si peur, a lieu demain.

6. La cathédrale de Berlin, dont les coupoles avaient été détruites pendant la guerre, a été restaurée.
7. La ville de Dresde, détruite par les bombes en février 1944 *(qualificative)*, retrouve sa splendeur.
8. Dans ce musée, plusieurs tableaux, dont deux de Paul Klee, ont été volés.

le volet : der Fensterladen, ¨
fonder : gründen
la coupole : die Kuppel, n
la splendeur : der Glanz

18 Les conjonctions

LES CONJONCTIONS DE COORDINATION

1. Reliez les deux propositions par la conjonction donnée. Supprimez le cas échéant le sujet de la deuxième proposition. *(AZ 3, 69, 152, 270)*

Fluchtversuch

1. Ich schlief ein paar Stunden im Wald. Ich machte mich dann bereit. *(und)*
2. Ich war sehr zuversichtlich. Zehn Minuten später tauchte ein Zollbeamter neben mir auf. *(aber)*
3. Er mußte im Dunkeln seit langem gelauert haben. Er beachtete meine Erklärung, ich sei ein harmloser Spaziergänger, nicht. *(denn)*
4. Ich ging niedergeschmettert vor ihm her. Ich überlegte, wie ich ihm entkommen könnte. *(und)*
5. Ich wurde verhaftet. Ich konnte entfliehen. *(entweder ... oder)*.
6. Das letztere war nicht möglich. Der Zollbeamte kannte seinen Dienst zu gut. *(nämlich)*
7. Er ging nicht neben mir her. Er ging im richtigen Abstand hinter mir her. *(sondern)*
8. Ich konnte ihn (nicht) überraschend anfallen. Ich konnte (nicht) fünf Schritte weit entkommen. *(weder ... noch)*
9. Ich konnte nicht entfliehen. Er hätte sofort geschossen. *(denn)*
10. Ich war verloren. Ein glücklicher Zufall trat ein. *(es sei denn)*

D'après Erich Maria Remarque, Die Nacht von Lissabon

der Fluchtversuch : la tentative de fuite
zuversichtlich : optimiste
der Zollbeamte : le douanier
lauern : guetter
harmlos : inoffensif
niedergeschmettert : atterré
entkommen : échapper
entfliehen : s'enfuir
der Abstand : la distance
jn anfallen : attaquer qn
der Zufall : le hasard

2. Remplacez denn ***par*** nämlich ***et transformez la deuxième proposition selon le modèle.*** *(AZ 69)*
Ex. : Ich gehe jetzt, denn es ist schon spät.
→ Ich gehe jetzt, es ist nämlich schon spät.

Ein schwerer Tag

1. Heike geht jetzt schlafen, denn sie ist müde.
2. Sie stellt den Wecker auf 5 Uhr, denn sie muß zeitig aufstehen.
3. Sie muß früh weggehen, denn ihr Zug fährt schon um 7 Uhr.
4. Sie fährt nach Stuttgart, denn dort ist eine Ärztetagung.
5. Sie arbeitet noch im Zug, denn ihr Vortrag ist noch nicht fertig.

3. Traduisez. *(AZ 3, 69, 152, 270)*

1. J'étais enfermé dans une cellule et j'attendais.
2. J'étais fatigué, mais je n'avais pas le droit de m'allonger.
3. Le banc n'était pas confortable, mais dur et trop étroit.
4. J'avais beaucoup d'argent sur moi, car j'avais l'intention de m'enfuir *(deux solutions)*.
5. Avoir tant d'argent était suspect, car nous étions près de la frontière.
6. Le douanier étais gros et rouge mais pas méchant.
7. Il ne m'interrogea pas tout de suite, mais seulement le lendemain.
8. Ou bien je trouvais une solution, ou bien j'étais perdu.
9. Ni ma femme, ni mon frère ne pouvaient m'aider.
10. Non seulement je risquais ma propre vie, mais je les mettais en danger eux-aussi.

la cellule : die Zelle
s' allonger : sich hinlegen
confortable : bequem
avoir de l'argent sur soi : Geld bei sich (dat.) haben
suspect : verdächtig
interroger qn : jn verhören
mettre qn en danger : jn in Gefahr bringen

4. *Complétez par* daß ***ou*** ob**.** *(AZ 70, 127)*

1. Ich frage mich, ... Peter uns helfen kann.
2. Meinst du, ... er uns helfen will ?
3. ... Lutz heute abend da sein wird, ist nicht sicher.
4. Karin wollte wissen, ... ich mit ihr verreisen möchte.
5. ... ich ihn nicht erkannt habe, ärgert mich sehr.
6. Ulla freut sich, ... sie endlich die Fahrprüfung bestanden hat.
7. ... wir dieses Jahr in Urlaub fahren, ist noch ungewiß.
8. Das Radio brachte die Nachricht, ... die Benzinpreise steigen.
9. Ich habe Zweifel, ... man ihm glauben kann.
10. ... er ehrlich ist, davon waren wir alle überzeugt.

5. *Traduisez en utilisant* daß ***ou*** ob**.** *(AZ 70, 127)*

1. Je me demande si je peux trouver son numéro de téléphone.
2. Nous étions convaincus que c'était Paul.
3. Lisa se demande si l'on vient la chercher en voiture.
4. Je doute qu'il ait dit la vérité.
5. Qu'il soit intelligent, je n'en doute pas.
6. Pierre s'était rendu compte que ce virage était dangereux.

LES SUBORDONNÉES TEMPORELLES

6. *Combinez les deux phrases à l'aide de* als**.**
(AZ 20, 70, 170)
Ex. : Jörg trat aus dem Haus. Da kam gerade die Nachbarin.
→ Als Jörg aus dem Haus trat, kam gerade die Nachbarin.

Jörg hat heute Pech

1. Er setzte sich an die Arbeit. Da klingelte dasTelefon.
2. Er stand an der Kinokasse. Da waren alle Kinokarten ausverkauft.
3. Er klingelte bei seiner Freundin. Da war sie gerade weggegangen.

4. Er kam bei der Tankstelle an, um zu tanken. Da machte diese gerade zu.
5. Er fuhr bei Rot über die Kreuzung. Da kam gerade ein Polizeiwagen vorbei.
6. Jörg ging nach Hause. Da lief ihm eine schwarze Katze über den Weg.

7. Complétez par als ***ou*** wenn. *(AZ 20, 70, 170)*

Hilfe zur rechten Zeit

1. Peter fährt gern mit dem Fahrrad in den Wald, ... schönes Wetter ist.
2. ... er gestern in den Wald fahren wollte, sah er von weitem, daß etwas passiert war.
3. Er dachte : "Immer ... ich spazieren gehen will, kommt etwas dazwischen."
4. .... er am Wald ankam, sah er, daß ein Unglück geschehen war.
5. Ein Hubschrauber hatte die Bäume gestreift, ... er niedergegangen war.
6. Und ... er auf dem Boden aufgesetzt hatte, war er stark beschädigt worden.
7. ... Peter jemand in Gefahr sieht, tut er, was er kann.
8. Er rannte zum Flugzeug, ... er sah, daß sich der Pilot bewegte.
9. ...er ihn aus der Kabine herausgezogen hatte, fing das Flugzeug an zu brennen.
10. Der Pilot dankte ihm und sagte : "... du einmal fliegen wirst, denk an diesen Tag."

etw. kommt dazwischen : un contretemps survient
der Hubschrauber : l'helicoptère
streifen : frôler
aufsetzen : se poser
beschädigt : endommagé

8. Traduisez les phrases suivantes en utilisant als ***ou*** wenn. *(AZ 20, 70, 170)*

1. Quand j'étais enfant, j'habitais à la campagne.
2. Quand j'étais malade, mes amis m'apportaient toujours des fleurs.
3. Quand j'étais malade, le médecin me fit une piqûre.

4. Quand j'ai eu dix ans, mes grand-parents m'ont offert un vélo.
5. Quand je fêtais mon anniversaire, j'invitais toujours beaucoup d'amis.
6. Quand je serai arrivé à Berlin, je te téléphonerai.

9. Traduisez les phrases suivantes en utilisant wenn ***ou*** wann. *(AZ 20, 70, 274)*

1. Tu pourras signer cette lettre quand je l'aurai terminée.
2. Sais-tu quand les magasins ferment en Allemagne ?
3. Quand je suis en Allemagne, j'achète beaucoup de livres.
4. Tu peux venir chez nous quand tu veux.
5. Si tu veux, tu peux venir chez nous à la campagne.

10. Combinez les phrases selon le modèle. Remplacez vorher ***par une subordonnée introduite par*** bevor ***et supprimez le verbe de modalité.*** *(AZ 39)*

Ex. : Du kannst fernsehen. Aber vorher mußt du noch den Tisch abräumen.

→ Bevor du fernsiehst, mußt du noch den Tisch abräumen.

Notwendige Arbeiten

1. Du kannst dich mit deiner Freundin treffen. Aber vorher mußt du noch einkaufen gehen.
2. Du kannst Tante Frieda im Krankenhaus besuchen. Aber vorher solltest du ein paar Blumen kaufen.
3. Du kannst mit dem Auto wegfahren. Aber vorher könntest du es waschen.
4. Du kannst ins Kino gehen. Aber vorher solltest du deine Klavierübungen machen.
5. Du kannst schlafen gehn. Aber vorher mußt du noch den Hund ausführen.

den Tisch abräumen : débarrasser la table

den Hund ausführen : promener le chien

11. Combinez les phrases selon le modèle. Remplacez danach ***par une subordonnée introduite par*** nachdem ***et modifiez le temps.*** *(AZ 27)*

Ex. : Georg kaufte sich eine Fahrkarte. Dann ging er auf den Bahnsteig.→ Nachdem Georg sich eine Fahrkarte gekauft hatte, ging er auf den Bahnsteig.

1. Birgit las den Brief. Danach zerriß sie ihn.
2. Heike und Felix waren im Theater. Dann gingen sie ein Glas Wein trinken.
3. Herr Schmidt wurde Direktor. Dann kaufte er sich einen neuen Mercedes.
4. Jürgen schloß seine Diplomarbeit ab. Dann ging er ins Ausland.
5. Bergers bekamen ihr drittes Kind. Dann zogen sie um.

12. Traduisez. *(AZ 27, 39)*

1. Après avoir étudié aux Etats-Unis, Laura s'y installa.
2. Avant de commencer ses études de médecine, Christina travaillait comme infirmière.
3. Après avoir fait un stage dans une entreprise de bâtiment, Wolfgang fut embauché.
4. Avant de partir au service militaire, Marc a pu terminer ses études de droit.
5. Avant d'écrire elle-même des romans, Sylvie travaillait comme traductrice.
6. Après avoir travaillé pendant vingt-cinq ans dans la mine, Max fut licencié.

s'installer : sich niederlassen + dat.
les études de médecine : das Medizinstudium
l'infirmière : die Krankenschwester
le stage : das Praktikum
l'entreprise de bâtiment : der Baubetrieb
embaucher : einstellen
le service militaire : der Militärdienst
les études de droit : das Jurastudium
la mine : das Bergwerk
licencier qn : jn entlassen ; jm kündigen

13. Complétez par les conjonctions de subordination bis, seitdem, sobald, solange, sooft, während*. (AZ 70)*

1. Udo wohnt bei seinen Eltern, ... er kein Geld verdient.
2. ... er krank wurde, hat Lutz sehr viel geraucht.

3. Fritz geht ins Theater, ... er kann.
4. ... Klaus einen Unfall hatte, hat er Kopfschmerzen.
5. Herr Schmidt liest die Zeitung, ... er frühstückt.
6. ... ich mit der Arbeit fertig bin, rufe ich dich an.
7. ... es an der Tür klingelt, bellt unser Hund.
8. Ich warte auf dich, ... du zurückkommst.
9. Frau Müller lebt allein, ... sie geschieden ist.
10. ... wir auf den Bus warteten, fing es an zu regnen.
11. Ich gebe dir Bescheid, ... ich eine Nachricht habe.
12. ... er lebte, dachte er en diese merkwürdige Begegnung.

LES SUBORDONNÉES CAUSALES

14. Transformez les phrases selon le modèle. *(AZ 70)*
Ex. : Da auf der Straße ein Stau war, kamen wir erst spät abends an. → Wir kamen erst spät abends an, weil auf der Straße ein Stau war.

Warum kam Herr Meyer wohl zu spät ?

1. Da das Bahnpersonal streikte, fuhren die Züge nicht.
2. Da auf der Autobahn gebaut wurde, war die Zufahrt gesperrt.
3. Da eine neue Talbrücke gebaut wurde, mußte Herr Meyer eine Umleitung fahren.
4. Da es stark schneite, war die Straße glatt.
5. Da ein Terrorist gesucht wurde, kontrollierte die Polizei alle Wagen.

der Stau : l'embouteillage
das Bahnpersonal : le personnel des chemins de fer
streiken : faire la grève
die Zufahrt : l'entrée (de l'autoroute)
etw. sperren : barrer
die Talbrücke : le viaduc
die Umleitung : la déviation

15. Transformez les phrases selon le modèle. *(AZ 70)*
Ex. : Wir planten einen Ausflug, denn es war schönes Wetter angesagt. → Da schönes Wetter angesagt war, planten wir einen Ausflug.

Wochenendausflug

1. Wir wollten einen Wochenendausflug machen, denn unsere deutschen Freunde waren gekommen.

2. Wir hatten drei Tage Zeit, denn es war ein langes Wochenende.
3. Wir fuhren in die Normandie, denn unsere Freunde kannten den Atlantik noch nicht.
4. Wir konnten nicht baden, denn das Wasser war zu kalt.
5. Wir mußten uns unterstellen, denn ein Gewitter brach los.
6. Wir fuhren bald wieder ab, denn es regnete die ganze Zeit.

der Wochenendausflug : l'excursion du week-end

sich unterstellen : se mettre à l'abri

16. Transformez les groupes prépositionnels en subordonnées causales d'après le modèle. Choisissez une forme verbale active ou passive selon le sens.
(AZ 70)
Ex. : Wegen einer Operation mußte Frau Kunze ins Krankenhaus. → Da Frau Kunze operiert werden mußte, mußte sie ins Krankenhaus.

Warum fehlten gestern alle im Büro ?

1. Wegen ihrer Grippe wurde die Sekretärin krank geschrieben.
2. Wegen einer Geschäftssreise war der Chef abwesend.
3. Wegen seines Umzugs nahm sich Günther ein paar Tage frei.
4. Wegen seines Urlaubs kam Herr Schmidt nicht in den Betrieb.
5. Wegen seines Unfalls mußte der Pförtner auf die Polizei.

jn krank schreiben : donner un congé de maladie à qn

sich ein paar Tage frei nehmen : prendre qq jours de congé

17. Traduisez. *(AZ 70)*

1. Comme la gare est très loin, nous prenons un taxi.
2. Pierre a refusé l'invitation parce qu'il doit terminer son article.
3. Comme l'avion avait du retard, nous avons pris un café.
4. Nous ne partirons pas samedi prochain, puisque les élections ont lieu dimanche.
5. Le maire a perdu les élections parce qu''il n'avait pas soutenu le club sportif.

→

les élections : die Wahlen	**soutenir :** unterstützen
avoir lieu : stattfinden	**le club sportif :** der Sportverein

LES CONDITIONNELLES À L'INDICATIF

(Pour les conditionnelles au subjonctif II, voir ce cahier n° 8.)

18. Reformulez ces slogans publicitaires d'une agence de voyage en utilisant des subordonnées en wenn ***+ indicatif.*** *(AZ 68)*

Ex. : Verleben Sie Ihren Urlaub an der Ostsee, und Sie erholen sich richtig ! → Wenn Sie Ihren Urlaub an der Ostsee verleben, erholen sich richtig !

Wunderreisen

1. Verbringen Sie Ostern in Bad Dürckheim an der Weinstraße, und Sie erleben 100 000 Mandelblüten !
2. Buchen Sie einen Flug nach Capri, dann machen Sie die Traumreise Ihres Lebens !
3. Machen Sie eine Mittelmeerreise mit unserem Traumschiff, und Sie erleben die Wunder der Geschichte !
4. Fliegen Sie mit SUN-Tours nach Ibiza, dann haben Sie viel Sonne für wenig Geld !
5. Wandern Sie im Thüringer Wald, und Sie erleben “das Grüne Herz” Deutschlands !

das Wunder : le miracle, la merveille
sich erholen : se reposer, se remettre
den Urlaub verleben : passer ses congés
erleben : vivre, assister à
die Mandelblüte : la fleur d'amandier, l'époque de floraison des amandiers
buchen : réserver
die Mittelmeerreise : le voyage en Méditerranée
wandern : faire de la marche, de la randonnée

19. Traduisez en utilisant wenn ***ou*** ob. *(AZ 68, 127, 273)*

1. Je ne sais pas si ma lettre est arrivée.
2. Si tu as de la chance, tu peux gagner une voiture.
3. Quant à savoir s'il ira en Allemagne cet été, ce n'est pas encore sûr.
4. Vous pouvez compter sur moi si vous avez besoin d'aide.
5. Si tu vas en ville, rapporte-moi le journal, s'il te plaît.

avoir de la chance : Glück haben
compter sur qn : auf jn (acc.) rechnen, auf jn (acc.) zählen

LES SUBORDONNÉES FINALES ET CONSÉCUTIVES

20. Reformulez les textes publicitaires suivants en utilisant damit ***à la place de*** um zu. *(AZ 70)*
Ex. : Essen Sie Vollkornbrot, um sich richtig zu ernähren !
→ Essen Sie Vollkornbrot, damit Sie sich richtig ernähren !

Gute Ratschläge für ein gesundes Leben

1. Fahren Sie jeden Tag Rad, um fit zu bleiben !
2. Rauchen Sie nicht, um Ihre Gesundheit nicht zu gefährden !
3. Essen Sie täglich Joghurt, um lange zu leben !
4. Trinken Sie Baldriantee, um leicht einzuschlafen !
5. Schlafen Sie ausreichend, um leistungsfähig zu bleiben !
6. Gehen Sie oft schwimmen, um den Blutkreislauf zu aktivieren !

der Ratschlag, ¨e : le conseil
das Vollkornbrot : le pain complet
fit bleiben : rester en forme
gefährden : mettre en danger
der Baldrian : la valériane
ausreichend : suffisamment
leistungsfähig : performant
der Blutkreislauf : la circulation du sang

21. Reformulez les textes publicitaires suivants en utilisant damit. *(AZ 70)*
Ex. : Wenn Sie einen Mercedes kaufen, fahren Sie sicher.
→ Kaufen Sie einen Mercedes, damit Sie sicher fahren !

1. Wenn Sie sich die Tagesschau ansehen, sind Sie gut informiert.
2. Wenn Sie eine Anzeige in unsere Zeitung setzen, finden Sie den passenden Reisepartner.
3. Wenn Sie ein Kunde unserer Bank werden, bekommen Sie eine günstige Finanzierung.
4. Wenn Sie bei uns eine Versicherung abschließen, sind Sie bei Unfällen besser geschützt.
5. Wenn Sie einen Sprachlehrgang mitmachen, haben Sie mehr Chancen auf dem europäischen Markt.

die Tagesschau : le journal télévisé
eine Anzeige in die Zeitung setzen : passer une annonce
passend : adéquat
die Finanzierung : le financement
eine Versicherung abschließen : signer une police d'assurance
der Sprachlehrgang : le cours de langue

22. Combinez les deux phrases par so..., daß ***selon le modèle.*** *(AZ 70)*
Ex. : Lutz und Ingrid hatten sehr viel gearbeitet. Sie hatten Lust, am Abend ins Theater zu gehen. → Lutz und Ingrid hatten so viel gearbeitet, daß sie Lust hatten, am Abend ins Theater zu gehen.

Eine gute Theaterinszenierung

1. Das Theaterstück von Brecht war sehr gut inszeniert. Alle waren davon begeistert.
2. Die Schauspieler spielten ausgezeichnet. Sie bekamen viel Applaus.
3. Der Beifall war stürmisch. Die Schauspieler wurden immer wieder herausgerufen.
4. Das Bühnenbild war sehr einfach. Es ließ der Phantasie viel Raum.
5. Der Regisseur war sehr bekannt. Besucher aus ganz Europa waren gekommen.

inszenieren : mettre en scène
der Applaus, der Beifall : les applaudissements
stürmischer Beifall : des applaudissements nourris
das Bühnenbild : le décor
einer Sache Raum lassen : laisser le champ libre à qch.
die Phantasie : l'imagination
der Regisseur : le metteur en scène

23. Combinez les deux phrases par ..., so daß ***selon le modèle.*** *(AZ 70)*
Ex. : Der Film war sehr langweilig. Die Zuschauer gingen hinaus. → Der Film war sehr langweilig, so daß die Zuschauer hinausgingen.

Ein schlechter Film

1. Die Handlung war sehr banal. Sie ließ kein Interesse aufkommen.
2. Der Krimi war nicht spannend. Alle langweilten sich.

3. Die Schauspieler waren nicht natürlich.Sie wirkten nicht überzeugend.
4. Die Musik war sehr laut. Sie verursachte Kopfschmerzen.
5. Die Zuschauer waren empört. Sie verließen den Saal vor dem Ende des Films.

die Handlung : l'action
Interesse aufkommen lassen : faire naître l'intérêt
spannend : qui a du suspens
überzeugend wirken : être convaincant
verursachen : provoquer
empört : indigné

24. Traduisez en utilisant so..., daß ***ou*** ..., so daß. *(AZ 70)*

1. Max est si intelligent que tous l'admirent.
2. Ils faisaient beaucoup de bruit, de façon que les voisins se plaignaient.
3. Christa avait si mal à la tête qu'elle dût rentrer chez elle.
4. Klaus était trop loin, de sorte que je ne pouvais pas le reconnaître.
5. Michael joue si bien aux échecs que personne ne peut le battre.
6. L'hôtel était très cher, de manière que nous ne pouvions rester qu'une semaine.

se plaindre : sich beklagen
avoir mal à la tête : Kopfschmerzen haben
reconnaître : erkennen
jouer aux échecs : Schach spielen

L'EXPRESSION DE LA CONCESSION

25. Transformez les phrases selon le modèle.
Remplacez zwar ...aber ***et*** trotzdem ***par*** obwohl. *(AZ 67, 70)*
Ex. : Lutz hat zwar ein Auto, aber er geht gern zu Fuß.
→ Obwohl Lutz ein Auto hat, geht er gern zu Fuß.

1. Peter war zwar gestern krank, aber er kam trotzdem ins Büro.
2. Inge spielt zwar gut Tennis, aber sie wurde von Claudia geschlagen.
3. Beckers haben zwar einen Fernseher, aber sie sehen selten fern.
4. Der Weg in die Uni ist zwar weit, aber Wolfgang fährt trotzdem mit dem Fahrrad hin.

→

5. Klaus liebt zwar Anne, aber er hat Karin geheiratet.

26. Combinez les phrases en ajoutant so... auch ... .
(AZ 47, 67,70,166)
Ex. : Heiner steht immer zeitig auf. Er verpaßt doch den Zug.
→ So zeitig Heiner auch immer aufsteht (aufstehen mag), er verpaßt doch den Zug.
Ex. : Heiner stand sehr zeitig auf. Er verpaßte doch den Zug.
→ So zeitig Heiner auch aufstand (aufstehen mochte), er verpaßte doch den Zug.

1. Herr Schmidt kennt sich in Paris sehr gut aus. Er verfährt sich doch immer.
2. Uwe hat sich sehr gut auf die Prüfung vorbereitet. Er hat sie doch nicht geschafft.
2. Kerstin kam sehr leise nach Hause. Ihre Mutter hat sie doch gehört.
4. Gisela trinkt sehr viel Kaffee. Sie ist doch immer müde.
5. Peter fuhr sehr schnell. Er kam doch zu spät.

27. Transformez les phrases selon le modèle.
Remplacez obwohl ***par*** wenn...auch. *(AZ 47,67,70,166)*
Ex. : Obwohl die Polizei sofort geholt wurde, kam die Hilfe zu spät. → Wenn die Polizei auch sofort geholt wurde, die Hilfe kam zu spät.

1. Obwohl ihm der Arzt das Rauchen verboten hat, raucht Max immer noch so viel.
2. Obwohl die Telefonpreise gestiegen sind, telefoniert Silke noch immer stundenlang.
3. Obwohl das Flugzeug Verspätung hatte, kam Herr Schmidt rechtzeitig zu den Verhandlungen.
4. Obwohl es im Supermarkt eine große Auswahl an Waren gibt, kauft Birgit lieber in einem kleinen Geschäft ein.
5. Obwohl Max einen ganz alten Volkswagen hat, möchte er sich keinen neuen Wagen kaufen.

28. *Combinez les deux phrases en ajoutant* noch so.
(AZ 47,67,166)
Ex. : Herr Grund ist sehr reich. Er ist doch nicht glücklich.
→ Herr Grund mag noch so reich sein, er ist doch nicht glücklich.

Ein unzufriedener Mensch

1. Herr Grund besitzt eine große Villa. Sie ist ihm doch zu klein.
2. Die Kinder sind sehr lieb. Er schimpft immer mit ihnen.
3. Er hat einen interessanten Beruf. Er ist immer unzufrieden.
4. Die Nachbarn sind sehr hilfsbereit. Er mag sie nicht.
5. Er kennt viele Menschen. Er hat keine Freunde.

29. *Traduisez.* *(AZ 47,67,70,166)*

1. Paul avait beau être patient, cette attente l'énervait.
2. Bien qu'il ne se souvienne pas de son nom, il l'a reconnue tout de suite.
3. Même s'il pleut beaucoup cette année, le lac restera très bas.
4. Ils ont beau chercher un logement, ils n'en trouvent pas.
5. Où qu'il aille, je le suivrai.
6. Quoi qu'il en soit, je sortirai ce soir.

É V A L U A T I O N **18**

Choisissez la bonne solution.

1. … Sie sich um eine Stelle bewerben, müssen Sie einen Lebenslauf schreiben.
   a. nachdem b. wann c. wenn
2. Klaus hat einen neuen Arbeitsplatz gefunden, … er sich bei sechs verschiedenen Firmen beworben hatte.
   a. als b. nachdem c. da
3. … Peter studiert, bezahlen seine Eltern für ihn.
   a. solange b. als c. sooft
4. … wir durch Belgien fuhren, regnete es ununterbrochen.
   a. seitdem b. während c. sobald

5. Ruf mich bitte an, … du wegfährst.
   a. während b. nachdem c. bevor
6. Du kannst mich besuchen kommen, … du willst.
   a. sooft b. solange c. sobald
7. Im Augenblick, … der Bus ankam, fing es an zu regnen.
   a. wenn b. als c. während
8. … ich angekommen bin, schicke ich dir ein Telegramm.
   a. weil b. bis c. sobald
9. Unsere Freunde warteten auf dem Bahnsteig, … der Zug abfuhr.
   a. bis b. da c. solange
10. … Uwe Medizin studiert, interessiert er sich nur noch für Krankheiten.
    a. als b. seitdem c. während
11. Ich gebe dir hundert Mark, … du dir Bücher kaufen kannst.
    a. da b. nämlich c. damit
12. Ich muß heute noch lange arbeiten, … ich noch viel zu tun habe.
    a. denn b. weil c. während
13. Ich frage mich, … ich im Sommer nach Deutschland fahren soll.
    a. ob b. daß c. als
14. Würdest du bitte das Fenster schließen ? Es ist … schon kalt draußen.
    a. weil b. ob c. nämlich
15. Ich würde zwar gern mit ins Theater gehen, … heute abend habe ich keine Zeit.
    a. obwohl b. sondern c. aber
16. Die Straße war sehr glatt, … viele alte Menschen hinfielen.
    a. so daß b. so…daß c. damit
17. … unser Urlaub verregnet war, denken wir noch gern daran zurück.
    a. obwohl b. wenn c. weil
18. … ein schweres Gewitter angesagt ist, bleiben wir lieber zu Hause.
    a. nachdem b. da c. denn
19. Wir freuen uns auf den Besuch unserer Freunde, … wir haben sie schon lange nicht gesehen.
    a. da b. nämlich c. denn
20. Morgen fahre ich nicht mit dem Auto, … mit dem Bus zur Arbeit.
    a. aber b. sondern c. oder

Corrigés

1

1 / 1. die ; 2. die ; 3. die ; 4. der ; 5. der ; 6. der ; 7. die ; 8. die ; 9. das ; 10. die ; 11. das ; 12. der ; 13. die ; 14. die ; 15. das ; 16. das ; 17. der ; 18. der ; 19. das ; 20. das ; 21. das ; 22. das ; 23. der ; 24. die ; 25. die ; 26. die ; 27. die ; 28. das ; 29. das ; 30. der

2 / 1. der ; 2. das ; 3. die ; 4. die ; 5. der ; 6. das ; 7. der ; 8. das ; 9. der ; 10. das ; 11. das ; 12. die ; 13. der ; 14. die ; 15. das ; 16. das ; 17. das ; 18. der ; 19. der ; 20. die

3 / 1. der ; 2. die ; 3. das ; 4. die ; 5. das ; 6. das ; 7. das ; 8. das ; 9. der ; 10. die ; 11. der ; 12. das ; 13. der ; 14. das ; 15. das ; 16. die ; 17. der ; 18. das ; 19. die ; 20. das ; 21. die ; 22. die ; 23. das ; 24. das ; 25. das ; 26. der ; 27. das ; 28. der ; 29. die ; 30. die ; 31. die ; 32. der ; 33. das ; 34. das ; 35. das ; 36. die ; 37. das ; 38. die ; 39. der

4 / 1. die ; 2. der ; 3. der ; 4. der ; 5. der ; 6. die ; 7. die ; 8. die ; 9. der ; 10. der ; 11. die ; 12. der ; 13. der ; 14. die ; 15. die ; 16. der ; 17. der ; 18. der ; 19. die ; 20. der ; 21. der ; 22. die ; 23. der ; 24. der ; 25. der ; 26. die ; 27. der ; 28. der ; 29. die ; 30. die ; 31. der ; 32. die ; 33. der ; 34. die ; 35. der ; 36. der ; 37. der ; 38. der ; 39. der

2

1 / 1. Stühle ; 2. Anfänge ; 3. Namen ; 4. Gäste ; 5. Arbeiter ; 6. Fische ; 7. Hüte ; 8. Jäger ; 9. Tage ; 10. Irrtümer ; 11. Wälder ; 12. Häfen ; 13. Staaten ; 14. Schuhe ; 15. Parks ; 16. Brüder ; 17. Arme ; 18. Schecks ; 19. Punkte ; 20. Männer ; 21. Streite ; 22. Haufen ; 23. Stiche ; 24. Schlüssel ; 25. Pantoffeln ; 26. Löffel ; 27. Schüsse ; 28. Preise ; 29. Plätze ; 30. Küsse

2 / 1. Hände ; 2. Töchter ; 3. Städte ; 4. Türen ; 5. Farben ; 6. Gondeln ; 7. Mäuse ; 8. Waffen ; 9. Waffeln ; 10. Büchereien ; 11. Uhren ; 12. Zeitungen ; 13. Hosen ; 14. Federn ; 15. Figuren ; 16. Folgen ; 17. Formeln ; 18. Früchte ; 19. Gänse ; 20. Gewerkschaften

3 / 1. Betten ; 2. Hemden ; 3. Mädchen ; 4. Verben ; 5. Gefühle ; 6. Räder ; 7. Tiere ; 8. Autos ; 9. Ziele ; 10. Messer ; 11. Jahre ; 12. Elemente ; 13. Dächer ; 14. Beispiele ; 15. Völker ; 16. Zeichen ; 17. Brote ; 18. Felder ; 19. Kleider ; 20. Beine

Evaluation 1 / 1. das Glas, die Gläser ; 2. das Gefühl, die Gefühle ; 3. die Zeichnung, die Zeichnungen ;

4. das Spiel, die Spiele ; 5. der Fuß, die Füße ; 6. der Monat, die Monate ; 7. der Ball, die Bälle ; 8. die Übung, die Übungen ; 9. das Kind, die Kinder ; 10. das Land, die Länder ; 11. der Wagen, die Wagen ; 12. das Auto, die Autos ; 13. die Tasche, die Taschen ; 14. die Freundin, die Freundinnen ; 15. das Geschenk, die Geschenke ; 16. das Zimmer, die Zimmer ; 17. die Zeitschrift, die Zeitschriften ; 18. der Brief, die Briefe ; 19. der Baum, die Bäume ; 20. die Stunde, die Stunden ; 21. der Lehrer, die Lehrer ; 22. die Gabel, die Gabeln ; 23. das Photo, die Photos ; 24. der Bruder, die Brüder ; 25. der Stern, die Sterne ; 26. der Gruß, die Grüße ; 27. der Fehler, die Fehler ; 28. die Frau, die Frauen ; 29. das Mädchen, die Mädchen ; 30. der Student, die Studenten

3

1 / 1. ein ; 2. der ; 3. seine ; 4. mein ; 5. die ; 6. der ; 7. ein ; 8. mein ; 9. seine ; 10. sein

2 / 1. Wo ist euer (ou : Ihr) Auto geparkt ? 2. Wo ist das Wörterbuch ? 3. Wo wohnt Ihre Schwester ? 4. Wo sind die Briefmarken ? 5. Wo ist das Schwimmbad ?

3 / 1. einen ; 2. ein ; 3. keinen ; 4. einen ; 5. unser ; 6. keinen ; 7. einen ; 8. dieses ; 9. meine ; 10. eine

4 / 1. Hast du das Buch wiedergefunden ? 2. Kannst du mir diesen Stuhl bringen ? 3. Welchen Film hast du gestern abend gesehen ? 4. Welche Länder kennst du ? 5. Welche Tiere hast du am liebsten ?

5 / 1. seiner ; 2. seinem ; 3. ihrer ; 4. dem (ou : den) 5. meinem ; 6. der ; 7. den ; 8. deinen ; 9. seiner ; 10. dem

6 / 1. Ich habe unseren Nachbarn einen Blumenstrauß gegeben. 2. Hast du dem Direktor schon geschrieben ? 3. Ich habe deinem Freund geraten, zuerst dieses Buch zu lesen. 4. Ich habe sie meinem Vater vorgestellt. 5. Gib das Stück Brot dem Hund.

7 / 1. meines Bruders ; 2. unserer Wohnung ; 3. des Wohnwagens ; 4. des Stadtzentrums ; 5. deines Onkels

8 / 1. Ich habe den Brief deines Freundes nicht wiedergefunden. 2. Welches ist die Adresse deiner Bank ? 3. Welches ist die Nummer seiner Wohnung ? 4. Ich habe mir den Computer unseres Nachbarn ausgeliehen. 5. Hast du das Geschenk für seine Schwester nicht vergessen ?

Evaluation 2 / 1. meinem ; 2. ein ; 3. dieses ; 4. den ; 5. eines ; 6. der ; 7. meine ; 8. des ; 9. ein ; 10. seiner

9 / 1. type 1 ; 2. type 2 ; 3. type 1 ; 4. type 1 ; 5. type 2 ; 6. type 1 ; 7. type 2 ; 8. type 1 ; 9. type 1 ; 10. type 1 ; 11. type 1 ; 12. type 1 ; 13. type 1 ; 14. type 1 ; 15. type 1

10 / 1. unser bester (type2) ; 2. einen sehr netten (type1) ; 3. eine deutsche (type1) ; 4. geehrte (type 2) ; 5. eine sehr interessante (type1) ; 6. ein großes (type2) ; 7. den gleichen (type 1) ; 8. klassische (type2) ; 9. blaue (type2) ; 10. die ganze (type 1)

11 / 1. Ich habe meinen braunen Koffer im Zug vergessen. 2. Ich habe keine billigeren Schuhe gefunden. 3. Ich habe eine falsche Nummer gewählt. 4. Unser alter Fernseher ist im Keller. 5. Welche englische Grammatik hast du gekauft ?

12 / 1. geräumige ; jeglicher ; 2. schöne ; 3. deutsches ;

4. glasklares ; malerische ;
5. zufriedene ; herrliche

13 / 1. Zu verkaufen : schönes Haus in den Alpen. 2. Er hört gern klassische Musik. 3. Ich habe weißen Pfeffer gekauft. 4. Junge Frau sucht Stelle als Kellnerin. 5. Ich fahren Anfang nächster Woche nach Hamburg.

Evaluation 3 / 1. hübsche ; 2. lieber ; 3. seine beiden ; 4. mein blaues ; 5. kein böses ; 6. liebes ; 7. dem ältesten ; 8. unser jüngster ; 9. euren neuen ; 10. eine junge

4

1 / 1. ihrer ; 2. seinem ; 3. meinen ; 4. der ; 5. einer halben ; seinen 6. die ; 7. des schlechten Wetters ; 8. ihren großen ; 9. dem achtzehnten ; 10. dem sechzehnten

2 / 1. Er ist ohne seine Tochter mit dem Wagen weggefahren. 2. Sie wohnt noch bei ihren Eltern. 3. Für wen hast du diese Karte gekauft ? 4. Seit letzter Woche regnet es ununterbrochen. 5. Hast du von diesem Skandal gehört ?

3 / 1. Komm, wir fahren nach Deutschland ! 2. Komm, wir fahren aufs Land ! 3. Komm, wir fahren in den Schwarzwald ! 4. Komm, wir fahren an den Bodensee ! 5. Komm, wir fahren ans Mittelmeer ! 6. Komm, wir fahren in die Alpen ! 7. Komm, wir fahren nach Italien ! 8. Komm, wir fahren ins Elsaß ! 9. Komm, wir fahren ins Krankenhaus ! 10. Komm, wir fahren zu Petra !

4 / 1. Warst du schon einmal in Moskau ? 2. Warst du schon einmal am Tegernsee ? 3. Warst du schon einmal im Tiergarten ? 4. Warst du schon einmal in Deutschland ? 5. Warst du schon einmal bei Michael ? 6. Warst du schon einmal auf Kreta ?

5 / 1. nach ; 2. in ; 3. im ; 4. in ; 5. in ; 6. in ; 7. im ; 8. in ; 9. im ; 10. auf

6 / 1. jeden ; 2. letzte ; 3. den ganzen ; 4. den ; 5. nächsten ; 6. die ganze ; 7. einen ; 8. einen ; 9. einen ; 10. vorige

7 / 1. Ich komme am Sonntag, dem 3. September um 8 Uhr an. Paul 2. Die Reise ist verschoben; ich komme im Juni, Ende der zweiten Woche. Herbert. 3. Ich habe den Zug verpaßt ; ich komme übermorgen um 19. 30 Uhr an. Hilde. 4. Mutter ist gestorben; die Beerdigung findet am 4. Juli um 17 Uhr statt. Claudia. 5. Ich komme am Freitag, dem 22. Januar um Mittag an. Stefan.

8 / 1. 1972 (ou : Im Jahre 1972) gab es bei den Bundestagswahlen 8,9% Nichtwähler (ou : belief sich bei den Bundestagswahlen der Anteil der Nichtwähler auf 8,9%). 2. idem. 3. 1990 (ou : Im Jahre 1990) stieg bei den Bundestagswahlen der Anteil der Nichtwähler auf 22,7%. 4. Von 1972 bis 1983 blieb bei den Bundestagswahlen der Anteil der Nichtwähler um die 10% ungefähr gleich. 5. Ab 1987 stieg bei den Bundestagswahlen der Anteil der Nichtwähler. 6. Wie hoch wird 1994 die Zahl der Nichtwähler sein ?

9 / im Osten - im Westen - vor der Schließung - auf dem Marx-Engels-Platz - in Berlin-Ost - im Wind - auf einem Stahlgerüst - an der Südostwand - bis zu ihrer Sprengung - im Winter 1950 - an dieser Stelle - auf Fotos - im Europa-Center - über dem Breitscheidplatz - am 22. Juni - um vier Uhr morgens - nach siebzehnstündiger Sitzung

10 / apartem - den - sommerlich-luftiges - bläulichem - dem - einem - eine - der - diesem schönen - dem örtlichen - diesen - den - der

Evaluation 4 / auf - die - der - von / aus - am - dem - die - die - am - aus - dem - einem - mit - dem - vor - im - in - den - rotem - für - im - am - im - dem - dem

5

1 / 1. unsere ; 2. den alten ; 3. dem ; 4. seine ; 5. deine ; 6. deine ; 7. die neue ; 8. deinen ; 9. einer solchen ; 10. meinen

2 / 1. Hast du deiner Freundin gratuliert ? 2. Warum schaust du auf deine Uhr ? 3. Hat er auf seine Vergangenheit angespielt ?
4. Warum wunderst du dich über seinen Zustand ? 5. Denkst du oft an deine Reise vom letzten Jahr ?

3 / 1. ins ; 2. auf ; 3. nach ; 4. auf ; 5. auf ; 6. von ; 7. von ; 8. auf ; 9. an ; 10. an

4 / 1. Ich wundere mich über seine Reaktion. 2. Wende dich an den Direktor. 3. Gehört dieses Zimmer zur Wohnung ? 4. In der Küche riecht es nach Blumenkohl.
5. Für welchen Kandidaten hast du gestimmt ? 6. Ich habe auf meinen Urlaub in Spanien verzichten müssen. 7. Warum hat er auf diesen Prozeß angespielt ? 8. Er hat nicht an der Diskussion teilgenommen. 9. Sie beschwert sich oft über ihren Arzt. 10. Er bezieht sich auf seinen Brief vom 24. Juni.

5 / 1. auf ; 2. an ; 3. auf ; 4. auf ; 5. gegen ; 6. an ; 7. an ; 8. auf

6 / 1. Die Antwort auf deine Frage ist nicht einfach. 2. Ich habe seine Anspielung auf die letzten Winterferien nicht verstanden.
3. Sie mußten die Diskussion über die Verträge unterbrechen.
4. Ich habe selten die Gelegenheit zum Lachen gehabt. 5. In seinem Brief spricht er nur von seiner Angst vor der Prüfung.

7 / 1. auf Ihren ; 2. auf diesen ; 3. mit seiner ; 4. mit seinem ; 5. über seine ; 6. meinem ; 7. auf ihre ; 8. über seine

8 / 1. Ich bin ihm sehr dankbar für seine Hilfe. 2. Er ist sich seiner Überlegenheit sehr bewußt. 3. Sie ist zu allen Leuten freundlich.
4. Ich bin mit ihr einverstanden.
5. Er ist an diesem Projekt sehr interessiert.

9 / 1. an ; 2. zur ; 3. auf ; 4. von ; 5. über ; 6. für ; 7. für ; 8. zu

Evaluation 5 / über - durchsichtige - von - von den Bürgern - um die strengeren Regeln - zwölf Millionen Einwohner - zu einer besseren - für - ab - in den schwarzen Plastiksäcken- die - mit - an die neuen - mit - brennbaren - brennbaren Teilen - über die durchsichtigen - in häusliche - in die - in undurchsichtige - in den neuen

6

1 / 1. er ; 2. sie ; 3. ihnen ; 4. sie ; 5. ihr ; 6. sie ihm ; 7. sie ; 8. ihn ; 9. sie ; 10. sie

2 / 1. Haben Sie einen Schlüssel gefunden ? 2. Ich habe sie gefragt, woher sie kommen. 3. Habe ich euch die Zeitung zurückgegeben ?
4. Er hat uns eine lustige Geschichte erzählt. 5. Ich mußte ihm nachlaufen.

3 / 1. Wer ist der Autor dieses Dramas ? 2. Wann hat er den Brief geschrieben ? 3. Wen hat er am selben Abend eingeladen ?
4. Worüber hat Kafka 1912 eine Rede gehalten? 5. An wen hat er viele Briefe geschrieben ?
6. Wieviel Romane hat er letztes Jahr gelesen ? 7. Wie / womit fährt er nach Österreich ? 8. Wie oft muß er ins Krankenhaus ? 9. Bis wann bleibt er bei seiner Freundin ?
10. Woran denkt er schon?

4 / 1. Wofür bist du verantwortlich ?

2. Was brauchst du ? 3. Wem mußt du gratulieren ? 4. Wen erwartest du (ou : Auf wen wartest du) ? 5. Worüber willst du sprechen ?

5 / 1. Du hast eine unfreundliche Sekretärin ; meine ist sehr nett. 2. Ich habe deine Photos schon gesehen ; willst du meine sehen ? 3. Unser Haus ist ziemlich klein; ihres ist sehr groß. 4. Ihr Hund bellt sehr oft; neben unserem erscheint er sehr klein. 5. Inga hat auch ein Motorrad; meins ist grün, ihres ist schwarz. 6. In Deutschland gibt es auch Rotwein; aber unserer ist bekannter. 7. Ich habe meine Fahrkarte gekauft; haben Sie Ihre schon gekauft ? 8. Wir hatten, ebenso wie meine Eltern, 1990 ein Auto gekauft; sie haben ihres schon verkauft.

6 / 1. Ich habe alle diese Bücher gelesen; hast du dieses gelesen ? 2. Ich finde alle deine Fotos sehr schön, aber das (dieses) habe ich am liebsten. 3. Gestern abend hast du einige meiner Schallplatten gehört; ich bin sicher, daß die (diese) dir gefallen wird. 4. Welchen Mantel hast du am liebsten ? Diesen oder jenen ? 5. Gestern sind wir mit Peter, Paul und dessen Schwester ins Kino gegangen. 6. Diese Gebrauchtwagen sind nicht sehr teuer, aber an deiner Stelle würde ich den (diesen) kaufen. 7. Ihre Weine sind alle ausgezeichnet, aber den (diesen) habe ich am liebsten. 8. Ich kann mich nicht entscheiden; beide Krawatten sind schön; die (diese) würde gut zu meinem blauen Hemd passen.

7 / 1. der ; 2. das ; 3. die ; 4. dem ; 5. dessen ; 6. den ; 7. die ; 8. dem ; 9. der ; 10. denen

8 / 1. Ich habe meinen Freund Paul getroffen, dessen Schwester in England wohnt. 2. Die Freundin, der ich diese Schallplatte geschenkt habe, heißt Helga. 3. Der Hund, den du dort siehst, gehört unseren Nachbarn. 4. Es ist ein Ort, an den ich mich nicht mehr erinnern kann. 5. Gib mir die Tasche, mit der du spielst.

Evaluation 6 / 1. wem ; 2. unsere ; 3. das ; 4. wieviel ; 5. meins ; 6. denen ; 7. es ; 8. wem ; 9. wen ; 10. deren

7

1 / 1. habe ; 2. waren ; 3. sei ; 4. wurde ; 5. seid ; 6. hatte ; 7. wirst ; 8. bin ; 9. bist ; 10. habe ; 11. wäre ; 12. hättest

2 / 1. Hattet ihr (ou : hatten Sie) ein Auto ? 2. Ich war zu Fuß. 3. An deiner Stelle wäre ich zufrieden. 4. Ich bin sicher, daß ihm im Flugzeug schlecht wird. 5. Jedes Jahr werde ich im Winter krank.

3 / 1. bin...gewesen ; 2. hatte...gehabt ; 3. wird...sein ; 4. wäre...geworden ; 5. hat...gehabt ; 6. hätte...gehabt ; 7. war...gewesen ; 8. ist...geworden ; 9. hat...gehabt ; 10. werde...haben

4 / 1. muß ; 2. konnte ; 3. müßte ; 4. wußte, sollte ; 5. darf ; 6. weiß ; 7. kann ; 8. könnte ; 9. wollte ; 10. darfst

5 / 1. kennst ; 2. spielte ; 3. hört...zu ; 4. verbrachte ; 5. wache...auf ; 6. steh... auf ; 7. antwortest ; 8. träumte ; 9. denkst...zurück ; 10. dachte

6 / 1. Er erzählt mir immer dieselbe Geschichte. 2. Er verbrachte seine Ferien in Indien. 3. Eines Tages ruhte er sich im Schatten eines Baumes aus. 4. Plötzlich hörte er : "Legt euch hin (ou : legen Sie Sich hin) ! ... ein Erdbeben !" 5. Aber es war nur ein Flugzeug, das startete !

7 / 1. haben...abgeholt ;

2. hatte...mitgebracht ;
3. wird...beruhigen ;
4. hätte...gezeigt ;
5. war...geklettert ;
6. wirst...arbeiten ;
7. hat...umgedreht ;
8. hat... gewundert ;
9. hätte...verursacht ;
10. hat...gestaunt

8 / 1. Bis um wieviel Uhr (ou : Bis wann) hast du gestern abend gearbeitet ? 2. Wie lange hat der Film gedauert ? 3. Wirst du dein Zimmer aufräumen ? 4. An deiner Stelle hätte ich deinem Vater nichts davon gesagt. 5. Ich hatte mir wohl gedacht, daß du müde wärest.

9 / 1. schlägst...vor ;
2. fängst...an ; 3. vergiß ;
4. vergeßt ; 5. fuhr ; 6. kam ;
7. erschrak ; 8. kam ; 9. lag ;
10. gib

10 / 1. Zuerst gab er mir eine Zigarette. 2. Läuft er so schnell wie du ? 3. Er spricht sehr langsam. 4. Nimm diesen Koffer ; er ist leichter. 5. Er rief seine Mutter an.

11 / 1. ist...heruntergesprungen ;
2. hatte...getrunken ;
3. werde...vergessen ;
4. würde...essen ;
5. hätte...geschrieben ;
6. werde...empfehlen ;
7. bist...eingeschlafen ;
8. wärst...geblieben ;
9. hatte...aufgefressen ;
10. würde...fliegen

12 / 1. Ich habe den ganzen Tag geschlafen. 2. Sie hatten in einem Geschäft Orangen (ou : Apfelsinen) gestohlen. 3. Ich würde gern ein Glas Weißwein trinken. 4. Ich wäre gekommen, wenn es nicht geschneit hätte. 5. Das ist vor unserem Haus geschehen (ou : passiert).

13 / hat - waren - wurden - brachen - war - sagte - habe

14 / waren - sind - wurde - lasse - galt - kennenlernte - wurde - habe - erzählte - ist - sagte - feierte - wurde

Evaluation 7 / 1. c ; 2. a ; 3. b ; 4. b ; 5. c ; 6. b ; 7. b ; 8. a ; 9. c ; 10. b

8

1 / 1. er bliebe ; 2. wir kämen ;
3. ihr ginget ; 4. du müßtest ;
5. wir liefen ; 6. du dürftest ;
7. es fiele ; 8. er dächte ;
9. ihr verließet ; 10. du möchtest

2 / 1. er würde schlafen 2. wir würden diskutieren 3. ihr würdet arbeiten 4. du würdest abfahren 5. wir würden vergessen 6. du würdest werben 7. es würde schneien 8. er würde tragen 9. ihr würdet gelangen 10. du würdest verlieren

3 / 1. könnte ; 2. müßtest ;
3. wären ; 4. wüßte ; 5. hätte

4 / 1. würde ... spazieren gehen 2. bekommen würde 3. würde ...anrufen 4. regnen würde 5. würde...schlafen.

5 / 1. du hättest gesprochen 2. es wäre gelungen 3. ihr hättet gelogen 4. du hättest gewonnen 5. ihr wäret geschwommen 6. wir wären gesprungen 7. ihr hättet geholfen 8. es wäre geschehen 9. er hätte empfangen 10. wir wären geflogen

6 / 1. Ohne deine Hilfe hätte ich die Prüfung nicht geschafft.
2. Peter wäre beinahe hingefallen.
3. An eurer Stelle hätten wir das Haus nicht verkauft. 4. Bei schönem Wetter wären wir zu Fuß gegangen. 5. Uwe hätte beinahe den Zug verpaßt.

7 / 1a. Hans sieht so aus, als ob / als wenn es ihm etwas besser ginge. 1b. ..., als ginge es ihm

etwas besser. 2a. Es hat den Anschein, als ob / als wenn das Haus unbewohnt wäre. 2b. ..., als wäre das Haus unbewohnt.
3a. Peter macht den Eindruck, als ob / als wenn er von nichts wüßte.
3b. ..., als wüßte er von nichts.
4a. Klaus tut so, als ob / als wenn er schnell weg müßte. 4b. ..., als müßte er schnell weg. 5a. Ihr war, als ob / als wenn sie in einer anderen Stadt wäre. 5b. ..., als wäre sie in einer anderen Stadt.

8 / 1a. ..., als ob / als wenn sie schon immer in Frankreich gelebt hätte. 1b. ..., als hätte sie...gelebt.
2a. ..., als ob / als wenn ich hier schon einmal gewesen wäre.
2b. ..., als wäre ich ... gewesen.
3a. ..., als ob / als wenn er nie etwas anderes getan hätte.
3b. ..., als hätte er ...getan.
4a. ..., als ob / als wenn er erkannt worden wäre. 4b. ..., als wäre er erkannt worden. 5a. ..., als ob / als wenn er das Buch gelesen hätte.
5b. ..., als hätte er ... gelesen.

9 / 1. hätte ; 2. erzählt hätte ; 3. bliebest ; 4. erinnert hättest ; 5. gekommen wärest

10 / 1. Wenn ich seine Telefonnummer hätte, hätte ich ihn anrufen können. 2. Wenn Eva Zeit hätte, würde sie ihre Tante besuchen (besuchte sie ihre Tante). 3. Wenn Mark ein Tierfreund wäre, hielte er sich ein Haustier (würde ...halten).
4. Wenn Inge aufgepaßt hätte, wäre der Unfall nicht passiert.
5. Wenn Uwe etwas von Politik verstünde (verstehen würde), ginge er wählen (würde ...gehen).

11 / 1. Wenn du mir helfen würdest (hülfest = rare), könnte ich meine Arbeit beenden. 2. Ich hätte ihn beinahe nicht wiedererkannt. 3. Du schaust mich an, als ob / als wenn du mich niemals gesehen hättest. / ..., als hättest du ... gesehen.
4. Könnten Sie mir seine / ihre Adresse geben ? 5. Wenn ich an deiner Stelle wäre, würde ich sofort abfahren. / An deiner Stelle würde ich ... 6. Es wäre besser, wenn du einen Arzt aufsuchen würdest / zu einem Arzt gehen würdest. 7. Sie tut, als ob / als wenn sie nichts verstanden hätte. / ..., als hätte sie ...verstanden. 8. Tu nicht so, als wüßtest du nichts. / ..., als ob / als wenn du nichts wüßtest. 9. Wenn er das rechtzeitig gewußt hätte, hätte er zu Hause bleiben können.
10. Wenn du die Zeitung läsest (lesen würdest), wärest du besser informiert.

Evaluation 8 / 1. führe
2. hätte...geschlafen 3. würde ... kennen 4. gekommen wäre
5. könntest... benachrichtigen
6. wären...gegangen 7. dürftest
8. wäre ... umgekommen 9. wüßte
10. vergessen hätte 11. wäre ... geblieben 12. wärest 13. hätten ... geschafft 14. möchte 15. gewußt hätte 16. würde ... vorziehen
17. hätte ... gekauft 18. stünden
19. wäre ... hingefallen 20. solltest ... geben

9

1 / 1. er laufe ; 2. du seiest ; 3. sie spreche ; 4. er dürfe ; 5. ihr fahret ; 6. er wolle ; 7. du haltest ; 8. er gebe ; 9. du habest ; 10. er nehme

2 / 1. du habest gesprochen 2. er werde schreiben 3. er habe telefoniert 4. ich werde antworten
5. er sei geflogen 6. es habe geregnet 7. es sei gelungen 8. er habe gerufen 9. du habest gedurft
10. er werde fahren

3 / 1. oui ; 2. non ; 3. non ; 4. oui ; 5. oui ; 6. non ; 7. oui ; 8. oui ; 9. non ; 10. non

4 / 1. er müsse 2. er dürfe
3. habe er ... mit seinen 4. treffe er
5. er werde ihm 6. fahre er 7. er wolle sich 8. er solle 9. er könne
10. er möge 11. er wisse / er zurückkomme 12. sie brauche... auf ihn

5 / 1. Frau Müller fragt ihren Mann, ob er mit ihr zu Bergers fahren wolle (will) . 2. ..., ob er wisse (weiß), daß sie sie schon lange eingeladen hätten. (haben) 3. ..., ob es ihm besser am Samstag oder am Sonntag passe (paßt). 4. ..., welcher Tag ihm lieber sei (ist). 5. ..., ob er daran denke (denkt), daß ihr Sohn Geburtstag habe (hat). 6. ..., was sie ihm wohl mitbringen könnten (können) 7. ..., wie lange sie bei Bergers bleiben würden (werden). 8. ..., ob er denn keine Lust habe (hat) mitzukommen. 9. ..., ob er sich denn unbedingt das Fußballspiel ansehen müsse. 10. ..., warum er ihr das denn nicht gleich gesagt habe (hat).

6 / 1. Peter sagt zu Felix, er solle / möge noch eine präzise Wanderkarte kaufen. 2. ..., er solle / möge sich den Wetterbericht für den folgenden Tag anhören. 3. ..., er solle / möge an seine Wanderschuhe denken. 4. ..., er solle / möge auch ein paar Handschuhe einpacken. 5. ..., er solle / möge einen dicken Pullover mitnehmen. 6. ..., er solle / möge auch die Sonnenbrille bereitlegen. 7. ..., er solle / möge nicht vergessen, Proviant mitzunehmen. 8. ..., er solle / möge nicht zu spät zu Bett gehen. 9. ..., er solle / möge seinen Wecker auf 4 Uhr stellen. 10. ..., er solle / möge dann nicht wieder einschlafen.

7 / 1a. Il a demandé à Elsa: "Appelle-moi ce soir." 1b. Er hat Elsa gebeten : "Ruf mich heute abend an!" 1c. Er hat Elsa gebeten, sie möge ihn noch am gleichen Abend anrufen.
2a. Elle lui a demandé : "Lis-moi cet article à haute voix." 2b. Sie hat ihn gebeten : "Lies mir den Artikel laut vor !" 2c. Sie hat ihn gebeten, er möge ihr den Artikel laut vorlesen.
3a. Elle a demandé à Uwe : "Mets la musique moins fort!" 3b. Sie hat Uwe gebeten : "Stell die Musik etwas leiser!" 3c. Sie hat ihn gebeten, er möge die Musik etwas leiser stellen.
4a. Elle lui a demandé : "Viens à Munich dimanche prochain !"
4b. Sie hat ihn gebeten : "Komm nächsten Sonntag nach München!"
4c. Sie hat ihn gebeten, er möge am folgenden Sonntag nach München kommen.
5a. Il a demandé à Peter : "Prête-moi ta voiture!" 5b. Er hat Peter gebeten : "Leih mir dein Auto !"
5c. Er hat Peter gebeten, er möge ihm sein Auto leihen.

8 / Es wurde erzählt, sie seien mitten in den Wald gekommen. Da habe der Vater gesagt, sie sollten nun Holz sammeln, er wolle ein Feuer machen, damit sie nicht frören. Hänsel und Gretel hätten Reisig zusammengetragen, einen kleinen Berg hoch. Das Reisig sei angezündet worden, und als die Flamme recht hoch gebrannt habe, habe die Mutter gesagt, sie sollten sich nun ans Feuer legen und sich ausruhen, sie würden in den Wald gehen und Holz hauen. Wenn sie fertig seien, kämen sie wieder und holten sie ab (würden sie wiederkommen und sie abholen). Die Kinder hätten am Feuer gesessen, und als der Mittag gekommen sei, habe jedes sein Stücklein Brot gegessen. Und als sie so lange gesessen hätten, seien ihnen die Augen vor Müdigkeit zugefallen und sie seien fest eingeschlafen.

9 / 1a. "Le gouvernement de la République fédérale déménagera de Bonn à Berlin." 1b. "Die Regierung der Bundesrepublik wird von Bonn nach Berlin umziehen.
1c. Ich habe gelesen, die Regierung der Bundesrepublik werde ... umziehen.
2a. "On conserve quelques mètres du mur à Berlin." 2b. "Ein paar Meter der Mauer sind in Berlin stehen geblieben." 2c. Ich habe gelesen, ein paar Meter der Mauer seien in Berlin stehen geblieben.

3a. "Un grave accident de chemin de fer s'est produit en Bavière." 3b. "Ein schweres Eisenbahnunglück ist in Bayern geschehen." 3c. Ich habe gelesen, ein schweres Eisenbahnunglück sei in Bayern geschehen.
4a. "Il neige depuis trois jours à Hambourg." 4b. "Es schneit seit drei Tagen in Hamburg." 4c. Ich habe gelesen, es schneie seit drei Tagen in Hamburg.
5a. "Un foyer pour demandeurs d'asile a été incendié." 5b. "Ein Heim für Asylbewerber ist in Brand gesteckt worden." 5c. Ich habe gelesen, ein Heim für Asylbewerber sei in Brand gesteckt worden.
6a. "Une manifestation contre le racisme aura lieu à Dresde". 6b. Eine Demonstration gegen den Rassismus wird in Dresden stattfinden." 6c. Ich habe gelesen, eine Demonstration ... werde in Dresden stattfinden.

Evaluation 9 / Georg erzählte der Polizei, es sei bereits dunkel gewesen, als er das Haus verlassen habe. Er sei durch die Mühlstraße gagangen, sei dann in die Bergstraße eingebogen und sei gerade an der Oper vorbeigekommen, als ein junger Mann auf ihn zugetreten sei und gefragt habe, ob er zufällig Feuer habe. Er habe nichts Böses geahnt und habe in seinen Taschen nach dem Feuerzeug gesucht. Plötzlich habe ihm der junge Mann in die Jacke gegriffen, habe schnell seine Brieftasche herausgezogen und sei damit davon gelaufen. Er solle stehenleiben, habe er ihm hinterhergerufen. Sie sollten ihn halten und ihn nicht entkommen lassen, habe er den Passanten zugeschrien. Aber es sei zu spät gewesen. Niemand habe den jungen Mann verschwinden sehen.

10

1 / 1A ; 2B ; 3A,B ; 4A,B ; 5A ; 6A ; 7A ; 8B ; 9A,B ; 10B

2 / 1. Er wurde eingeladen.
2. Es wird von ihm gebaut werden.
3. Es war von ihm verkauft worden.
4. Sie wurde von ihm abgeholt.
5. Er ist von ihr gesucht worden.
6. Er muß von ihr begleitet werden.
7. Es wird von uns übersetzt werden. 8. Er soll nicht gestört werden. 9. Wir werden von ihm hingebracht werden. 10. Es wurde von ihr getragen.

3 / 1. benachrichtigte ; Der Polizist benachrichtigte die Familie.
2. geschlagen hat ; Die italienische Mannschaft hat die deutsche geschlagen. 3. empfängt ; Der Kanzler empfängt den Parteichef.
4. informieren wird ; Der Schuldirektor wird die Schüler informieren. 5. überfahren hatte ; Der Lastkraftwagen hatte den Hund überfahren. 6. absenden durfte ; Das Archiv durfte die Akte absenden. 7. vernachlässigten ; Die Elten vernachlässigten ihre Kinder. 8. genehmigen mußte ; Das Amt mußte den Aufenthalt genehmigen. 9. druckt ; Die Druckerei druckt den Katalog.
10. übertragen kann ; Die Fernsehstation kann die Sendung übertragen.

4 / 1. Der Patient wird vom Arzt untersucht. 2. Der Verkehr wird vom Polizisten geregelt. 3. Das Altenheim wird vom Bürgermeister eröffnet. 4. Die Wahlrede wird von dem Politiker gehalten. 5. Das Baby wird von dem Pfarrer getauft.
6. Die Oper wird von dem Architekten gebaut. 7. Der Artikel wird von dem Journalisten geschrieben. 8. Die Briefe werden vom Briefträger ausgetragen.
9. Die Rosen werden vom Gärtner gepflanzt. 10. Die Sonate wird von der Pianistin gespielt.

5 / 1. Die Hälfte der Arbeiter wurde entlassen. 2. Die Produktion wird gesenkt werden. 3. Eine Lohnerhöhung war verlangt worden. 4. Die Löhne wurden gekürzt. 5. Die Frauen wurden zuerst nach Hause geschickt. 6. Eine Filiale des Betriebs wird verkauft werden. 7. Die Arbeitszeit wurde verkürzt. 8. Versammlungen sind einberufen worden. 9. Eine Fabrik wird stillgelegt werden. 10. Ein Streik wird ausgerufen.

6 / 1. Hier wird von der Stadt ein neues Stadion gebaut werden. 2. Das Schwimmbad ist letzten Sonntag eingeweiht worden. 3. Dieser Kanal war seit einigen Jahren nicht mehr befahren worden. 4. Die Stadt wurde durch ein Erdbeben zerstört. 5. Die Delegation wird vom Bürgermeister empfangen werden. 6. Die Geschäfte werden um 7 Uhr geschlossen. 7. Wahrscheinlich wird er nicht gewählt werden. 8. Dieser Ausdruck wird nicht so gebraucht. 9. Diese Brücke wird nicht vor zwei Jahren fertiggestellt sein. 10. Dieser Schriftsteller ist in alle Sprachen übersetzt worden.

7 / 1. Es wurde den Verletzten geholfen. 2. Es wurde nach den Verschwundenen gesucht. 3. Es wurde für die Obdachlosen gesammelt. 4. Es wurde um Hilfe gebeten. 5. Es wurde den Kindern Milch gebracht. 6. Es wurde den Frauen Kleidung geschenkt. 7. Es wurde für die Kranken gesorgt. 8. Es wurde an die Opfer gedacht. 9. Es wurde über die Katastrophe berichtet. 10. Es wurde nach den Ursachen geforscht.

8 / 1. Hier darf nicht geraucht werden. 2. Das Fahrrad darf nicht im Haus abgestellt werden. 3. Die rechte Fahrbahn darf nicht benutzt werden. 4. Hunde und Katzen dürfen nicht gehalten werden. 5. Vor dem Haus darf nicht Ball gespielt werden. 6. Es darf kein Lärm gemacht werden. 7. Hier darf nicht geparkt werden. 8. Die Musik darf nicht laut gestellt werden. 9. Hier darf nicht links abgebogen werden. 10. Bei Rot darf die Straße nicht überquert werden.

9 / 1. Die Arbeit muß morgen abgegeben werden. 2. Dieser Text kann nicht übersetzt werden. 3. Dieser Text muß nicht übersetzt werden. 4. Das muß noch überlegt werden. 5. Da kann nichts gemacht werden.

10 / 1. Zu Weihnachten wurde meinem Bruder eine Klarinette geschenkt. 2. Jeden Morgen wurde ihnen die Milch ins Haus gebracht. 3. Am 30. des Monats wird mir mein Gehalt ausgezahlt. 4. Heute werden uns die Möbel geliefert. 5. Ist dir auch diese Reklame geschickt worden ?

Evaluation 10 / 1. Ein Einbruch wurde bei der Polizei gemeldet. 2. In der Villa des Bankiers war eingebrochen worden. 3. Der Besitzer wurde von einem Nachbarn benachrichtigt. 4. Die Fensterscheiben waren von den Einbrechern eingeschlagen worden. 5. Wertvoller Schmuck war von den Dieben gestohlen worden. 6. Wichtige Akten wurden gesucht. 7. Zerbrochene Sektflaschen wurden gefunden. 8. Die Einbrecher wurden von der Polizei im Keller überrascht. 9. Die Diebe wurden durch den Kommissar verhaftet. 10. Die Einbrecher wurden aufs Polizeiamt gebracht.

11

1 / 1. muß ; 2. willst ; 3. Kannst ; 4. wollen ; 5. Möchtest ; 6. können ; 7. darf: 8. möchte: 9. mag, will ; 10. Soll

2 / 1. habe … können 2. haben … gemocht 3. hat … wollen 4. hat … müssen 5. hat … gekonnt 6. habe … mögen 7. habe … gewollt 8. hat … gedurft 9. Hast … sollen 10. Hast … dürfen

3 / 1. Könnten ; 2. solltest ; 3. Dürfte ; 4. wollte ; 5. müßte ; 6. könnte ; 7. dürften ; 8. könnte ; wollte ; 9. Solltet ;

10. müßtest ; könnten

4 / 1. Paul will Jura studieren. 2. Karl möchte Pilot werden. 3. Wir müssen noch einmal darüber sprechen. 4. Darf ich Sie um eine Zigarette bitten ? 5. Sie dürfen hier nicht rauchen. 6. Soll ich das Fenster öffnen ? 7. Ich will (mag) diese Worte nicht hören. 8. Dieses Haus darf nicht verkauft werden. 9. Soll ich dich am Bahnhof abholen ? 10. Du mußt rechtzeitig im Büro sein (ankommen). 11. Glaubst du, daß wir diesen Text übersetzen sollen ? 12. Kann die kleine Sandra schon laufen ? 13. Er hat Käse nie gemocht. 14. Ich wollte gerade gehen, als an die Tür geklopft wurde. 15. Du hättest ihm helfen sollen.

5 / 1. Er will im Ausland arbeiten. 2. Alle Bürger müssen Steuern bezahlen. 3. Hier soll ein neues Stadion gebaut werden. 4. Pierre kann kein Gespräch auf deutsch führen. 5. Ich soll mehr Sport treiben. 6. Ich möchte mir einen Krimi anschauen. 7. Sie darf nicht nach Berlin fahren. 8. Du brauchst mir den Weg nicht noch einmal zu erklären (mußt ... nicht...). 9. Vor der Kirche darf nicht geparkt werden. 10. Ich konnte nicht rechtzeitig da sein.

6 / 1. Michael soll ein guter Tennisspieler sein. 2. Er will der beste Tennisspieler der Welt sein. 3. Hans muß krank sein. Sonst wäre er schon da. 4. Wie alt mag Gisela sein ? 5. Sie kann 25 Jahre alt sein. 6. Sie könnte aber auch schon 30 sein. 7. Sie wollen alles verstanden haben. 8. Johann soll eine große Erbschaft gemacht haben. 9. Er soll sehr reich sein. 10. Das dürfte auch stimmen.

7 / 1. Wie spät mag es wohl sein ? 2. Peter müßte schon längst (schon lange) da sein. 3. Peter ruft an. Er will das Flugzeug verpaßt haben. 4. Er muß zu spät am Flughafen angekommen sein. 5. Es kann auch Nebel gegeben haben. 6. Es könnte aber auch einen Streik gegeben haben. 7. Es soll in Frankfurt geschneit haben. 8. Er dürfte wohl (wird wohl) heute nicht mehr kommen. 9. Morgen soll es keinen Flug nach Paris geben. 10. Was mag das wohl bedeuten ?

Evaluation 11 / darf ; soll ; muß ; könnte ; will ; soll ; mag ; möchte ; kann ; könnte

12

1 / 1. Ich habe über deine Frage nachgedacht. 2. Hast du dein Glas ausgetrunken ? 3. Er hat das Wichtigste noch einmal zusammengefaßt. 4. Wir sind immer am Fernsehturm vorbeigefahren. 5. Hast du auch an der Veranstaltung teilgenommen ? 6. Ich habe heute alle meine Freunde eingeladen. 7. Mehrere Staatschefs haben dem Empfang beigewohnt. 8. Der Mond ist langsam aufgegangen. 9. Die Sonne ist am Horizont untergegangen. 10. Er hat den Kollegen seine Ansichten dargelegt.

2 / 1. Peter gibt seinen Irrtum zu. 2. Bernd steigt im Gasthof “Zum Löwen” ab. 3. Ich sehe euch nächstes Jahr wieder. 4. Ein schweres Gewitter bricht los. 5. Klaus kommt nicht zu spät zurück. 6. Der Film fängt schon an. 7. Christa trifft rechtzeitig ein. 8. Die Blätter fallen schon ab. 9. Er ruft einen Skandal hervor. 10. Der Hund läuft uns nach.

3 / 1. her ; 2. hin ; 3. hinaus ; 4. hinauf ; 5. hin ; 6. herunter ; 7. herein ; 8. hinauf 9. heraus 10. hinunter

4 / 1. Seit wann bewohnt ihr diese Villa ? 2. Sein Traum ist es, den Mont Blanc zu besteigen. 3. 1813 besiegten die verbündeten Armeen Napoleon. 4. Unsere Freunde beachteten unseren Vorschlag nicht. 5. Leider befolgt Udo unseren Rat nie. 6. Alle bestaunten seine Kenntnisse in Geschichte. 7. Er bekämpfte sein Leben lang die Ungerechtigkeit. 8. Als Peter das Zimmer betrat, verstummten alle. 9. Diese Straße darf nicht befahren werden. 10. Alle betrauerten den Präsidenten.

5 / 1. verlernt ; 2. zerbrochen ; 3. beladen ; 4. empfangen ; 5. erfunden ; 6. verbrannt ; 7. erfahren ; 8. zerstört ; 9. verlaufen ; 10. gehören

6 / 1a. ; 2b. ; 3a. ; 4b. ; 5b. ; 6a. ; 7b. ; 8a. ; 9b. ; 10b

7 / 1. Du übertreibst immer. 2. Der Arzt hat ihn sorgfältig untersucht. 3. Das Haus ist von einem großen Garten umgeben. 4. Hast du schon ein Gedicht übersetzt ? 5. Während des Sturms ist der alte Baum umgestürzt. 6. Glaubst du, daß ich ihn überzeugt habe ? 7. Hast du diesen Roman durchgelesen ? 8. Warum unterbrichst du mich immer ? 9. Der weiße Mercedes hat einen Fußgänger umgefahren. 10. Der Zöllner hat meinen Koffer durchsucht.

Evaluation 12 /
zurückgekommen ; eingebrochen ; angelehnt, eingeschlagen ; zertreten ; betraten ; fanden ... vor ; umgestürzt ; durchwühlt ; herausgeworfen ; durchgeschnitten ; aufgebrochen ; zerrissen ; durcheinandergeworfen ; abgenommen ; abgerissen ; umgeworfen ; heruntergerissen ; ausgeleert ; übergelaufen

13

1 / 1. in die Stadt gefahren sein 2. verärgert sein 3. Klavier spielen können 4. zu spät abgeschickt worden war 5. eine schwierige Aufgabe lösen sollen 6. auf dem Land wohnen wollen 7. lange gedauert haben 8. rechtzeitig bezahlt werden wird 9. vor Kälte gezittert haben 10. kein Wort verstehen

2 / 1. allein reisen ; 2. Eis essen mögen ; 3. in der Schweiz wohnen ; 4. nach Hamburg fahren wollen ; 5. schwimmen können ; 6. abgeschickt worden sein ; 7. glücklich gewesen sein ; 8. ein deutsches Buch lesen ; 9. im Theater gewesen sein ; 10. springen wollen haben

3 / 1. Eine Weltreise (zu) machen, (das) ist mein Traum. 2. Ein Haus in der Toskana (zu) haben, (das) wäre ideal. 3. Wie Picasso malen (zu) können, (das) wäre phantastisch. 4. Die Sahara (zu) durchqueren, (das) wäre aufregend. 5. Im Zug nach Wladivostok (zu) fahren , (das) wäre interessant. 6. Jeden Morgen um 10 Uhr auf(zu)stehen, (das) wäre nicht ermüdend. 7. Angeln (zu) gehen), (das) wäre erholsam. 8. Jeden Abend Fahrrad (zu) fahren, (das) wäre gut für die Gesundheit. 9. Den ganzen Sommer über Segelsport (zu) treiben, (das) wäre genial. 10. Jeden Tag Champagner (zu) trinken, (das) wäre angenehm.

4 / 1. Er hat sich aus Deutschland ein Buch schicken lassen. 2. Sie hat ihn von weitem kommen sehen. 3. Könntest du mir meine Zugfahrkarte kaufen ? 4. Ich habe einen Platz nach München reservieren lassen. 5. Gehst du jetzt einkaufen ? 6. Sonntags morgens gehe ich gern schwimmen. 7. Bleiben Sie doch sitzen ! 8. Bei der Ankunft habe ich mein Herz klopfen fühlen. 9. Laß doch die Kinder spielen ! 10. Ich habe ihn auf der Erde liegen sehen.

5 / 1. Ich habe sehr zeitig (früh) schwimmen gelernt. 2. Mein Vater hat mich Klavier spielen gelehrt.

4. Hast du für morgen noch viel zu tun ? 5. Könntest du dem Blinden helfen, die Straße zu überqueren ? 6. Da ist wirklich nichts zu machen. 7. Hilf mir eine Antwort finden ! / Hilf mir, eine Antwort zu finden ! 8. Hilf mir, den Stein bis zum See zu tragen. 9. Er hat niemals gelernt, pünktlich zu sein. 10. Unser Lehrer hat uns richtig schreiben gelehrt. / Unser Lehrer hat uns gelehrt, richtig zu schreiben.

6 / 1. Max hat die Absicht, ein Buch zu schreiben. 2. Es ist nicht leicht, diese Tür zu öffnen. 3. Hast du Lust, mich ins Konzert zu begleiten / mit mir ins Konzert zu gehen ? 4. Georg hat Angst, seine Arbeit zu verlieren. 5. Ich habe vergessen, die Tür abzuschließen. 6. Ich freue mich, Sie kennenzulernen. 7. Es ist schwierig, ihn zu benachrichtigen. 8. Hast du Zeit, diesen Artikel zu übersetzen ? 9. Es ist mir gelungen / Ich habe es geschafft, die Fahrprüfung zu bestehen. 10. Es ist nicht notwendig, mich heute abend anzurufen.

7 / 1. Er glaubt, alles verstanden zu haben. 2. Er wagt es nicht, sich an Sie zu wenden. 3. Ich denke, bald kommen zu können. 4. Dein Bruder weiß deine Hilfe nicht zu schätzen. 5. Claire behauptet, alles zu wissen. 6. Er scheint glücklich zu sein. 7. Pierre scheint sich nicht zu langweilen. 8. Sie bildet sich ein, die Erste zu sein. 9. Gustav hofft, im Lotto zu gewinnen. 10. Ich habe es vorgezogen, nichts zu sagen.

8 / 1. Peter stand zeitig auf, um mit dem ersten Zug nach München zu fahren. 2. Er fuhr mit dem Taxi zum Bahnhof, um rechtzeitig anzukommen. 3. Peter ging zum Zeitungskiosk, um sich eine Zeitung zu kaufen. 4. Er ging zum Schalter, um eine Fahrkarte zu lösen. 5. Er ging ins Café, um eine Tasse Kaffee zu trinken. 6. Er rannte auf den Bahnsteig, um den Zug noch zu erreichen.

9 / 1. Udo betrat das Büro, ohne zu grüßen. 2. Er ging weg, ohne sich zu verabschieden. 3. Er ging an seinem ehemaligen Kollegen vorbei, ohne ihn zu bemerken. 4. Er ging zum Direktor, ohne sich anzumelden. 5. Er rief mitten in der Nacht an, ohne sich zu entschuldigen.

10 / 1. Anstatt an der Ampel anzuhalten, ist er bei Rot über die Kreuzung gefahren. 2. Anstatt Rücksicht auf die Fußgänger zu nehmen, ist er schnell durchgefahren. 3. Anstatt auf dem Parkplatz zu parken, hat er sein Auto auf dem Bürgersteig abgestellt. 4. Anstatt das Stopschild zu beachten, ist er sofort weitergefahren. 5. Anstatt nach dem Unfall die Polizei anzurufen, ist er einfach weggefahren.

11 / 1c) ; 2e) ; 3d) ; 4b) ; 5a)

12 / 1. Das Überqueren dieser Kreuzung ist gefährlich. 2. Das Sitzen im Flugzeug ist anstrengend. 3. Das Fahren mit dem ICE-Zug ist angenehm. Das Landen auf dem neuen Münchner Flughafen ist interessant. 5. Das Übernachten in München macht Spaß.

13 / 1. Er verkehrt weiter mit ihr. 2. Es wird bald Tag. 3. Zuerst hat er "Nein" gesagt, aber zuletzt hat er "Ja" gesagt. 4. Es regnet unaufhörlich. 5. Er hat seine Geschichte nicht fertig / zu Ende / erzählt. 6. Alle hören ihm weiter zu. 7. Jemand hat gerade an die Tür geklopft. 8. Ich wollte dich gerade (an)rufen. 9. Seit letzter Woche raucht er nicht mehr. 10. Sie war gerade hinausgegangen, als das Telefon klingelte.

14 / 1. Sie spielt gern Tennis. 2. Du mußt wissen, was du willst. 3. Ich esse lieber Schwarzbrot als Weißbrot. 4. Er hat als Erster seine Arbeit verloren. / Er ist der erste, der seine Arbeit verloren hat. 5. Sie hat die Kristallvase fallen lassen. 6. Sie hat sich ihr Hochzeitskleid machen lassen. 7. Es kommt vor, daß ich mich im Weg täusche. 8. Er hat mir gesagt, ich möge ihn noch heute abend anrufen. 9. Das Beste wäre, wir sprechen nicht mit ihm darüber. 10. Die Hauptsache ist, man ist gesund.

Evaluation 13 / 1. Er fragt mich, ob er heute kommen darf. 2. Das Kind hat mit zwei Jahren laufen gelernt. 3. Ich will jetzt nicht anfangen, mit dir darüber zu diskutieren. 4. Du weißt, daß du das nicht zu machen brauchst. 5. Weißt du, daß du das machen mußt ? 6. Gerda hat mir versprochen, mich heute abend anzurufen. 7. Ich habe ihn von weitem kommen sehen. 8. Ich möchte jetzt gern eine Tasse Tee trinken. 9. Gibt es hier etwas zu essen ? 10. Sie hat sich ein Ballkleid machen lassen.

14

1 / 1a. nur schlecht Alkohol vertragen können 1b. Thomas kann nur schlecht Alkohol vertragen. 2a. bald nach Frankreich fahren sollen 2b. Unser Kollege soll bald nach Frankreich fahren. 3a. lange berufstätig gewesen sein 3b. Meine Mutter ist lange berufstätig gewesen. 4a. aus dem Gefängnis entlassen worden sein 4b. Ralf ist aus dem Gefängnis entlassen worden. 5a. gern in der Schweiz leben wollen 5b. Viele Leute wollen gern in der Schweiz leben. 6a. sehr gut Cello spielen können 6b. Bettina kann sehr gut Cello spielen. 7a. dorthin geschickt worden sein 7b. Der Soldat ist dorthin geschickt worden. 8a. gründlich darauf vorbereitet sein 8b. Der Kandidat ist gründlich darauf vorbereitet.

2 / 1a. sehr müde sein 1b. Tina ist sehr müde. 2a. immer Hunger haben 2b. Stefan hat immer Hunger. 3a im Bett liegen bleiben 3b. Arnd bleibt im Bett liegen. 4a. auf seine Freunde gewartet haben 4b. Karl hat auf seine Freunde gewartet. 5a. im Wald spazieren gehen 5b. Ursula geht im Wald spazieren. 6a. immer pünktlich gewesen sein 6b. Eva ist immer pünktlich gewesen. 7a. schwimmen lernen wollen 7b. Elke will schwimmen lernen. 8a. zu weinen aufhören 8b. Susi hört auf zu weinen. 9a. nach Japan abreisen 9b. Volker reist nach Japan ab. 10a. entlassen worden sein 10b. Jürgen ist entlassen worden.

3 / 1. Gisela hat operiert werden müssen. 2. Sie mußte drei Wochen im Krankenhaus liegen. 3. Viele Freunde kamen sie besuchen. 4. Sie brachten große Blumensträuße mit. 5. Alle hoffen auf baldige Besserung. 6. Gisela langweilt sich selten. 7. Sie liest interessante Romane. 8. Sie sieht häufig fern. 9. Der Arzt verspricht eine baldige Entlassung aus dem Krankenhaus. 10. Gisela kann nun nach Hause geholt werden.

4 / 1. Bekommt Gisela einen Erholungsaufenthalt ? 2. Hat der Arzt eine Kur verschrieben ? 3. Wird Gisela in ein Erholungsheim geschickt werden ? 4. Soll sie einige Wochen im Gebirge verbringen ? 5. Braucht sie viel Ruhe ? 6. Muß sie viele Medikamente einnehmen ? 7. Darf sie Gymnastik treiben ? 9. Soll sie schwimmen gehen ? 10. Darf sie im Gebirge wandern ?

5 / 1. Zum Abendessen trinkt Klaus gern Weißwein. 2. Ruf mich doch bitte heute abend an ! 3. Warum muß Günter jeden Abend die Zeitung lesen ?

4. Weißt du , warum Karin gestern nicht zu unserem Fest hat kommen können ? 5. Hat Jochen in Göttingen oder in Heidelberg studiert ?

6 / 1. Weißt du, warum Inge schon hat abreisen wollen ? 2. Letztes Jahr ist hier nicht viel Schnee gefallen. 3. Stimmt es, daß Uwe sich das Bein gebrochen hat ? 4. Jetzt möchte ich gern eine Tasse Tee trinken. 5. Bist du endlich fertig ?

7 / 1. Heute wird es wahrscheinlich regnen. 2. Peter müßte eigentlich schon da sein. 3. Klaus ist vermutlich zu spät weggefahren. 4. Rauchen ist bekanntlich schädlich für die Gesundheit. 5. Bei dem Unfall kam glücklicherweise niemand um. 6. Von Peter haben wir leider seit langem nichts gehört. 7. Inga hat sich bestimmt über deine Antwort geärgert. 8. Günther braucht offensichtlich wieder einmal Geld. 9. Die Karten für das Konzert sind sicher schon ausverkauft. 10. Die Tür ging seltsamerweise von allein auf.

8 / 1. Wir haben letztes Jahr in München in einem guten Hotel übernachtet. 2. Kannst du dich an unseren alten Lehrer erinnern ? 3. Axel hat den Krimi noch nicht ganz ausgelesen. 4. Gestern ist den ganzen Tag Schnee gefallen. 5. Wir waren oft bei unseren Großeltern auf dem Bauernhof. 6. Jens ist gestern früher als wir nach Hause gegangen. 7. Hans leidet seit ein paar Wochen an einer Bronchitis. 8. Willst du mit mir am Sonntag ins Museum gehen ? 9. Habt ihr euch unsere Adresse genau aufgeschrieben ? 10. Wir haben letzten Winter im Wald ein Reh gesehen.

9 / 1. Ich möchte heute abend keinen Tee trinken. 2. Wir haben schon letzten Sommer ein Theaterstück von Brecht gesehen. 3. Onkel Kurt hat unseren Kindern Bonbons mitgebracht. 4. Meyers hatten schon voriges Jahr einen Urlaubsplan gemacht. 5. Rudi hat In der U-Bahn einen Geldschein gefunden.

10 / 1. Glaubst du wirklich, daß Werner nächstes Jahr nach China fahren will ? 2. Ich hoffe, daß Sie sich während des Urlaubs gut erholt haben. 3. Weißt du, ob sie den Schlüssel beim Hausmeister abgegeben haben ? 4. Ich nehme an, daß Jean in diesem Sommer als Bergführer arbeiten wird. 5. Weißt du, ob Julia am Nachmittag Kaffee trinkt ? 6. Er hat Angst gehabt, weil er das Auto nicht hatte kommen sehen. 7. Ich glaube nicht, daß der Film vier Stunden gedauert hat. 8. Ich habe erfahren, daß Lisa einen schweren Unfall gehabt hat (hatte). 9. Sie war sehr froh, als sie zum ersten Mal hat aufstehen können. 10. Ich war sicher, daß das eine langweilige Sendung war.

Evaluation14 / Berliner Kriminalbeamte im Stadtviertel Zoo wurden an einem Januarabend 1994 auf einen Mann aufmerksam. Dieser ergriff bei ihrem Anblick sofort die Flucht. Die Beamten trafen kurze Zeit später wieder auf diesen Mann. Sie konnten bei der Überprüfung der Personalien feststellen, daß der Mann der Polizei bekannt war. Er war schon mehrmals wegen Diebstahls angezeigt worden. Er war immer bald wieder freigekommen. Er hatte jetzt sogar 100 g Haschisch in der Tasche. Er gab vor dem Staatsanwalt an, die Drogen zum eigenen Verbrauch gekauft zu haben. Der Rauschgifthandel konnte ihm nicht bewiesen werden. Er wurde bald wieder auf freien Fuß gesetzt.

15

1 / 1. Toni geht nicht spät zu Bett. 2. Er liest nicht bis Mitternacht.

3. Am Morgen schläft er nicht lange. 4. Heute morgen bleibt er nicht zu Hause. 5. Am Nachmittag will er nicht zur Universität. 6. Er verpaßt den Bus nicht. 7. Er geht nicht zu Fuß dorthin. 8. Er arbeitet nicht in der Bibliothek. 9. Er gibt die ausgeliehenen Bücher nicht ab. 10. Er hat nicht viel zu lesen.

2 / 1. Nein, wir kaufen keine Zigaretten. 2. Nein, wir haben keine Butter mehr. 3. Nein, wir brauchen kein Fleisch. 4. Nein, wir kaufen keinen Käse. 5. Nein, wir haben keinen Joghurt mehr. 6. Nein, wir brauchen keine Nudeln mehr.

3 / 1. Wir werden im Juli wahrscheinlich nicht nach Österreich fahren. 2. Warum hast du uns gestern nicht angerufen ? 3. Die Kinder im Zug winkten ihren Eltern nicht fröhlich zu. 4. Ich denke, daß Peter damals nicht in Bremen gelebt hat. 5. Hans hat uns dieses Jahr im August nicht in sein Landhaus eingeladen. 6. Ich habe auf dem Automarkt in Potsdam den schönen Mercedes nicht gekauft.

4 / 1. Stevens möchte in den Semesterferien nicht faul in der Sonne liegen, sondern sich kulturell bilden. 2. Zuerst will er nach Griechenland fahren. Dorthin fährt er nicht mit dem Schiff, sondern er fliegt mit dem Flugzeug hin.
3. Aber er findet den Parthenonfries nicht in Athen, sondern in London. 4. Von London aus will er nach Paris. Er bucht keine Flugreise, sondern eine Schiffsreise. 5. In Paris möchte er sich die Bilder von Matisse ansehen. Aber die "Goldfische" und "Der Tanz" von Matisse sind nicht in Paris ausgestellt, sondern im Puschkinmuseum in Moskau. 6. Er entschließt sich aber, nicht nach Moskau, sondern nach Florenz zu fliegen. 7. In Florenz bleibt er keine Woche, sondern einen ganzen Monat. 8. Dort möchte er sich auch die Sixtinische Madonna von Raffael ansehen. Aber leider ist sie nicht in Florenz, sondern in der Nationalgalerie in Dresden. 9. Nun ist er in Dresden. Aber er findet die Expressionisten der "Brücke" nicht in Dresden, sondern in Berlin im "Brückemuseum". 10. Schließlich spart er sich eine Reise in die Türkei, denn der Pergamontempel steht nicht in Pergamon, sondern im Pergamonmuseum in Berlin.

5 / 1. Nein, wir haben unser Zimmer noch nicht aufgeräumt. 2. Nein, ich gehe heute nicht mehr einkaufen. 3. Nein, ich will heute nicht mehr Klavier spielen. 4. Nein, ich habe die Großeltern noch nicht angerufen. 5. Nein, ich habe die Zeitung noch nicht gekauft. 6. Nein, ich brauche den Computer nicht mehr. 7. Nein, wir haben das Geschirr noch nicht gespült. 8. Nein, wir haben nicht mehr viel zu tun. 9. Nein, ich habe den Hund noch nicht ausgeführt. 10. Nein, wir gehen heute abend nicht mehr weg.

6 / 1. Nein, wir haben kein Segelboot mehr. 2. Nein, wir haben noch keinen neuen Computer. 3. Nein, wir haben kein Landhaus mehr. 4. Nein, wir haben noch keine neue Waschmaschine. 5. Nein, wir haben kein Auto mehr. 6. Nein, wir haben noch keinen neuen Fernseher. 7. Nein, wir haben keinen Garten mehr. 8. Nein, wir haben noch keine eigene Wohnung. 9. Nein, wir haben keinen Hund mehr. 10. Nein, ich habe noch keine Arbeit gefunden.

7 / 1. Paul ist weder groß noch klein. 2. Er hat weder Frau noch Kinder. 3. Er ist weder reich noch arm. 4. Er hat weder seinen Vater noch seine Mutter gekannt. 4. Er besitzt weder Haus noch Wagen. 5. Er geht weder ins Theater noch ins Kino. 6. Er ist weder in Afrika noch in Amerika gewesen. 7. Er kann weder singen noch zeichnen. 8. Er hat weder Freund noch Feind. 9. Er kennt sich weder in Geschichte noch in Geographie aus. 10. Er mag weder auf dem Land noch in der Stadt wohnen.

8 / 1. Peter weiß nichts. 2. Er hat niemand(en) gesehen. 3. Er ist nie(mals) Paul begegnet (hat nie Paul getroffen). 4. Er hat nie etwas Ähnliches gesehen. 5. Er ist über nichts auf dem Laufenden.
6. Er weiß nie etwas. 7. Er ist nie jemandem begegnet (hat nie jemanden getroffen). 8. Er hat niemandem geholfen. 9. Niemand hilft ihm. 10. Er lebt ohne jede Hilfe.

Evaluation 15 / 1. Niemand hat angerufen. 2. Unsere Tochter geht noch nicht in die Schule. 3. Ich habe keinen meiner Freunde gesehen. 4. Großvater kann nicht mehr Auto fahren. 5. Die Versammlung ging nicht um 5 Uhr zu Ende, sondern erst um 7 Uhr abends. 6. Es ist 2 Uhr morgens, und er schläft noch nicht. 7. Als er an der Baustelle vorbeigefahren ist, ist er nicht langsamer gefahren.
8. Ich habe keinen Pfennig mehr.
9. Ich habe nie etwas Schöneres gesehen. 10. Nicht Wirtschaftswissenschaften hat er studiert, sondern Jura.

16

1 / 1. Unser Auto ist (genau)so kaputt wie eures. 2. Diese Übung ist (genau)so schwer wie die nächste. 3. Inge schwimmt (genau)so schnell wie Petra.
4. Kein Mensch sieht (genau)so aus wie ein anderer. 5. In diesem Restaurant ißt man (genau)so gut wie im “Löwen”. 6. Ich rufe dich so bald wie möglich an.

2 / 1. Der Kaffee ist nicht so stark wie der von vorhin. 2. Unser Haus ist nicht so alt wie eures. 3. Euer Garten ist nicht so schön gepflegt wie unserer. 4. Meine Arbeit ist nicht so schwierig wie deine.
5. Die Straße ist nicht so verstopft wie die Autobahn. 6. Inge ist dieses Jahr nicht so krank gewesen wie voriges Jahr.

3 / 1. besser 2. schwächer
3. näher 4. reicher 5. klüger
6. größer 7. klarer 8. jünger
9. wärmer 10. länger 11. kälter
12. schöner 13. kränker 14. höher
15. schärfer 16. schwerer
17. ärmer 18. kürzer
19. interessanter 20. dunkler
21. gröber 22. lieber 23. eher
24. älter 25. süßer 26. dümmer
27. härter 28. kleiner 29. stärker
30. mehr

4 / 1. Meine Schwester ist jünger als deine. 2. Peter trinkt lieber Wein als Bier. 3. Mein Weg zur Uni ist länger als deiner. 4. Heute ist das Wetter wärmer als gestern.
5. Unsere Kirche ist älter als das Rathaus. 6. Benzin ist in der Schweiz billiger als in Frankreich.
7. Wir kommen eher als vorgesehen. 8. Udo ist in Mathematik schwächer als in Sport.
9. Die Diskussion ist interessanter als der Vortrag. 10. Ich verstehe den Deutschlehrer besser als meinen Freund Heino.

5 / 1. Es wird immer kälter.
2. Je wärmer es wird, desto /um so mehr Lust haben wir, baden zu gehen. 3. Je weniger er arbeitet, desto /um so weniger Erfolg hat er.
4. Diese Möbel sind desto /um so teurer, je älter sie sind. 5. Er hat immer weniger Freunde. 6. Sein Erfolg war eine Überraschung, um so mehr als niemand ihn kannte.
7. Er ist immer öfter abwesend.
8. Dieser Unfall ist bedauerlich, um so mehr als das Auto neu war.
9. Je weniger er trinkt und je weniger er raucht, desto /um so besser wird er sich fühlen. 10. Je älter der Wein ist, desto /um so besser ist er.

6 / 1. am kürzesten 2. am

schönsten 3. am lebhaftesten 4. am schwächsten 5. am klügsten 6. am gröbsten 7. am ärmsten 8. am meisten 9. am schärfsten 10. am nächsten 11. am dümmsten 12. am reichsten 13. am ehesten 14. am höchsten 15. am wärmsten 16. am größten 17. am stärksten 18. am jüngsten 19. am klarsten 20. am dunkelsten 21. am kältesten 22. am süßesten 23. am längsten 24. am ältesten 25. am liebsten 26. am schwersten 27. am interessantesten 28. am gewissenhaftesten 29. am kleinsten 30. am härtesten

7 / 1. ... der liebenswürdigste Gastgeber ... 2. ...die umweltfreundlichsten olympischen Spiele ... 3. ... die erfolgreichste. 4. ... die meisten Goldmedaillen. 5. ... am weitesten. 6. ... am schnellsten ... 7. ... die leistungsstärkste. 8. Den perfektesten Eiskunstlauf ... 9. ... die traurigste Sportlerin. 10. ... die unvergeßlichsten ...

Evaluation 16 / 1. Die olympischen Winterspiele haben in einer der kleinsten Städte Norwegens stattgefunden.
2. Lillehammer war das malerischste Dorf, das die Sportler je gesehen haben 3. Es waren die großartigsten Winterspiele von allen. 4. Die Landschaften Norwegens sind nicht weniger schön als die der Alpen.
5. Die Sportveranstaltungen haben um den See Mjösen herum stattgefunden, den größten See des Landes. 6. Sie waren weniger verstreut als 1990 in den Alpen.
7. Mehr als die anderen Länder war Norwegen besorgt, die Umwelt nicht zu zerstören. 8. Für das Eishockey ist eine der größten Höhlen in den Fels gehauen worden. 9. Immer mehr Zuschauer verfolgen die olympischen Spiele.
10. Je mehr die Skiläufer trainiert hatten, desto schneller waren sie.
11. Die französische Mannschaft war in Lillehammer nicht so erfolgreich wie in Albertville.
12. Alle Sportler haben ihr Bestes gegeben.

17

1 / 1a) der ; 1b) dem ; 1c) den ; 2a) die ; 2b) denen ; 2c) die ; 3a) der ; 3b) den ; 3c) dem ;
4a) dem ; 4b) der ; 4c) den ;
5a) die ; 5b) der ; 5c) der

2 / 1. Meine Nachbarin, deren kleines Kind krank ist, hat angerufen. 2. Der Student, dessen Vater Architekt ist, studiert auch Architektur. 3. Der Krimi, dessen Geschichte verfilmt wurde, ist spannend. 4. Meine Freunde, deren altes Auto eine Panne hatte, kommen etwas später.
5. Die Schriftstellerin, deren letzter Roman gerade erschienen ist, signiert ihre Bücher.

3 / 1. deren ; 2. deren ;
3. dessen ; 4. deren ; 5. dessen

4 / 1. Dieser Schriftsteller, von dem viel gesprochen wurde, hat Selbstmord begangen. 2. Die Klinik, dessen Chefarzt ich kenne, ist die beste der Stadt. 3. Der Sieg, über den die Mannschaft stolz war, war nicht leicht gewesen. 4. Dieser Professor, dessen Bekanntschaft ich letztes Jahr gemacht habe (den ich letztes Jahr kennengelernt habe), ist Archeologe.
5. Die Polizei hat gerade die Diebe festgenommen (verhaftet), von denen einige erst fünfzehn Jahre alt waren. 6. Der Unfall, an dem Paul schuld war, war schwer.

5 / 1. was ; 2. wer ; 3. womit ;
4. wohin ; 5. worüber ; 6. wer ;
7. worüber ; 8. woran ; 9. worauf ;
10. wo

6 / 1. der Mann, der eine Fahrkarte kauft 2. die Frau, die hinter dem Schalter sitzt 3. die Leute, die in der S-Bahn Zeitung lesen 4. die Menschenmenge, die auf dem Bahnsteig wartet 5. der Zug, der schnell einfährt.

7 / 1. die Musiker, die von allen herzlich begrüßt wurden
2. der Champagner, der beim Empfang angeboten wurde
3. die Geschenke, die von allen mitgebracht wurden 4. der Toast, der auf den Hausherrn gebracht wurde 5. die Freunde, die mit Verspätung angekommen sind

8 / 1. der in Greifswald studierende Bekannte 2. die im Hörsaal versammelten Studenten
3. die im Lesesaal arbeitenden jungen Leute 4. die bei der Bibliothek ausgeliehenen Bücher
5. die letzte Woche geschriebenen Klausuren 6. die eine Arbeit suchende Studentin

Evaluation 17 / 1. Das Haus, an das ich mich erinnere, hatte grüne Fensterläden. 2. Die im Jahre 1392 gegründete Erfurter Universität war eine der ersten Universitäten Deutschlands.
3. Das Land, wo Marc eine Arbeit finden könnte, ist Australien.
4. Es gibt nichts, was Paul nicht interessiert (wofür sich Paul nicht interessiert). 5. Diese Operation, vor der sie so Angst hat, findet morgen statt. 6. Der Berliner Dom, dessen Kuppeln im Krieg zerstört worden waren, ist restauriert worden. 7. Die im Februar 1944 von den Bomben zerstörte Stadt Dresden findet ihren Glanz wieder.
8. In diesem Museum sind mehrere Gemälde (Bilder) gestohlen worden, darunter zwei von Paul Klee.

18

1 / 1. ... und machte mich dann bereit. 2. ... , aber zehn Minuten später tauchte ein Zollbeamter neben mir auf. 3. ... , denn er beachtete meine Erklärung, ich sei ein harmloser Spaziergänger, nicht.
4. ... und überlegte, wie ich ihm entkommen könnte. 5. Entweder ich wurde verhaftet oder ich konnte entfliehen. 6. ... Der Zollbeamte kannte nämlich seinen Dienst zu gut. 7. ... , sondern im richtigen Abstand hinter mir her.
8. Ich konnte ihn weder überraschend anfallen, noch konnte ich fünf Schritte weit entkommen. 9. ... , denn er hätte sofort geschossen. 10. ... , es sei denn, ein glücklicher Zufall trat ein.

2 / 1. ... , sie ist nämlich müde.
2. ... , sie muß nämlich zeitig aufstehen. 3. ... , ihr Zug fährt nämlich schon um 7 Uhr.
4. ... , dort ist nämlich eine Ärztetagung. 5. ... , ihr Vortrag ist nämlich noch nicht fertig.

3 / 1. Ich war in einer Zelle eingesperrt und wartete. 2. Ich war müde, aber ich durfte mich nicht hinlegen. 3. Die Bank war nicht bequem, sondern hart und zu schmal. 4. Ich hatte viel Geld bei mir, denn ich hatte die Absicht zu fliehen / ich hatte nämlich die Absicht zu fliehen. 5. So viel Geld bei sich zu haben, war verdächtig, denn wir waren nahe an der Grenze. 6. Der Zöllner war dick und rot, aber nicht böse. 7. Er verhörte mich nicht sofort, sondern erst am nächsten Tag. 8. Entweder ich fand eine Lösung, oder ich war verloren.
9. Weder meine Frau, noch mein Bruder konnten mir helfen.
10. Ich riskierte nicht nur mein eigenes Leben, sondern ich brachte auch sie in Gefahr.

4 / 1. ob ; 2. daß ; 3. ob ; 4. ob ; 5. daß ; 6. daß ; 7. ob ; 8. daß ; 9. ob ; 10. daß

5 / 1. Ich frage mich, ob ich seine Telefonnummer finden kann.
2. Wir waren überzeugt, daß es Paul war. 3. Lisa fragt sich, ob sie mit dem Auto abgeholt wird. 4. Ich zweifle, ob er die Wahrheit gesagt hat. 5. Daß er intelligent ist, bezweifle ich nicht. 6. Peter hatte gemerkt, daß die Kurve gefährlich ist.

6 / 1. Als er sich an die Arbeit setzte, klingelte das Telefon. 2. Als er an der Kinokasse stand, waren alle Kinokarten ausverkauft.
3. Als er bei seiner Freundin klingelte, war sie gerade weggegangen. 4. Als er bei der Tankstelle ankam, um zu tanken, machte diese gerade zu. 5. Als er bei Rot über die Kreuzung fuhr, kam gerade ein Polizeiwagen vorbei. 6. Als Jörg nach Hause ging, lief ihm eine schwarze Katze über den Weg.

7 / 1. wenn ; 2. als ; 3. wenn ; 4. als ; 5. als ; 6. als ; 7. wenn ; 8. als ; 9. als ; 10. wenn

8 / 1. Als ich ein Kind war, lebte ich auf dem Land. 2. Wenn ich krank war, brachten meine Freunde mir immer Blumen mit. 3. Als ich krank war, gab mir der Arzt eine Spritze. 4. Als ich zehn Jahre alt wurde, schenkten mir meine Großeltern ein Fahrrad. 5. Wenn ich meinen Geburtstag feierte, lud ich immer viel Freunde ein. 6. Wenn ich in Berlin angekommen bin, rufe ich dich an.

9 / Du kannst diesen Brief unterschreiben, wenn ich damit fertig bin (wenn ich ihn fertiggeschrieben habe).
2. Weißt du, wann die Geschäfte in Deutschland schließen ? 3. Wenn ich in Deutschland bin, kaufe ich viele Bücher. 4. Du kannst zu uns kommen, wann du willst. 5. Wenn du willst, kannst du zu uns aufs Land kommen.

10 / 1. Bevor du dich mit deiner Freundin triffst, mußt du noch einkaufen gehen. 2. Bevor du Tante Frieda im Krankenhaus besuchst, solltest du ein paar Blumen kaufen. 3. Bevor du mit dem Auto wegfährst, könntest du es waschen. 4. Bevor du ins Kino gehst, solltest du deine Klavierübungen machen. 5. Bevor du schlafen gehst, mußt du noch den Hund ausführen.

11 / 1. Nachdem Birgit den Brief gelesen hatte, zerriß sie ihn.
2. Nachdem Heike und Felix im Theater gewesen waren, gingen sie ein Glas Wein trinken.
3. Nachdem Herr Schmidt Direktor geworden war, kaufte er sich einen neuen Mercedes. 4. Nachdem Jürgen seine Diplomarbeit abgeschlossen hatte, ging er ins Ausland. 5. Nachdem Bergers ihr drittes Kind bekommen hatten, zogen sie um.

12 / 1. Nachdem Laura in den Vereinigten Staaten studiert hatte, ließ sie sich dort nieder.
2. Bevor Christina ihr Medizinstudium begann, arbeitete sie als Krankenschwester.
3. Nachdem Wolfgang in einem Baubetrieb ein Praktikum gemacht hatte, wurde er eingestellt.
4. Bevor er zum Militärdienst ging, hat Marc sein Jurastudium abschließen (beenden) können
5. Bevor sie selbst Romane schrieb, arbeitete Sylvie als Übersetzerin. 6. Nachdem Max fünfundzwanzig Jahre lang im Bergwerk gearbeitet hatte, wurde er entlassen.

13 / 1. solange ; 2. bis ; 3. sooft ; 4. seitdem ; 5. während ; 6. sobald ; 7. sooft ; 8. bis ; 9. seitdem ; 10. während ; 11. sobald ; 12. solange

14 / 1. Die Züge fuhren nicht, weil das Bahnpersonal streikte. 2. Die Zufahrt war gesperrt, weil auf der Autobahn gebaut wurde. 3. Herr Meyer mußte eine Umleitung fahren, weil eine neue Talbrücke gebaut wurde. 4. Die Straße war glatt, weil es stark schneite. 5. Die Polizei kontrollierte alle Wagen, weil ein Terrorist gesucht wurde.

15 / 1. Da unsere deutschen Freunde gekommen waren, wollten wir einen Wochenendausflug machen. 2. Da es ein langes Wochenende war, hatten wir drei Tage Zeit. 3. Da unsere Freunde den Atlantik noch nicht kannten, fuhren wir in die Normandie. 4. Da das Wasser zu kalt war, konnten wir nicht baden. 5. Da ein Gewitter losbrach, mußten wir uns unterstellen. 6. Da es die ganze Zeit regnete, fuhren wir bald wieder ab.

16 / 1. Da die Sekretärin eine Grippe hatte, wurde sie krank geschrieben. 2. Da der Chef eine Geschäftsreise unternahm, war er abwesend. 3. Da Günther umzog, nahm er sich ein paar Tage frei. 4. Da Herr Schmidt Urlaub hatte, kam er nicht in den Betrieb. 5. Da der Pförtner einen Unfall gehabt hatte, mußte er auf die Polizei.

17 / 1. Da der Bahnhof sehr weit weg ist, nehmen wir ein Taxi. 2. Peter hat die Einladung abgelehnt, weil er seinen Artikel fertigschreiben (beenden) muß. 3. Da das Flugzeug Verspätung hatte, haben wir einen Kaffee getrunken. 4. Wir fahren am nächsten Samstag nicht weg, da am Sonntag die Wahlen stattfinden. 5. Der Bürgermeister hat die Wahlen verloren, weil er den Sportverein nicht unterstützte.

18 / 1. Wenn Sie Ostern in Bad Dürckheim an der Weinstraße verbringen, erleben Sie 100 000 Mandelblüten. 2. Wenn Sie einen Flug nach Capri buchen, machen Sie die Traumreise Ihres Lebens. 3. Wenn Sie eine Mittelmeerreise mit unserem Traumschiff machen, erleben Sie die Wunder der Geschichte. 4. Wenn Sie mit SUN-Tours nach Ibiza fliegen, haben Sie viel Sonne für wenig Geld. 5. Wenn Sie im Thüringer Wald wandern, erleben Sie "das Grüne Herz" Deutschlands.

19 / 1. Ich weiß nicht, ob mein Brief angekommen ist. 2. Wenn du Glück hast, kannst du ein Auto gewinnen. 3. Ob er dieses Jahr nach Deutschland fährt, das ist noch nicht sicher. 4. Sie können auf mich rechnen, wenn Sie Hilfe brauchen. 5. Wenn du in die Stadt gehst, bring mir bitte die Zeitung mit.

20 / 1. Fahren Sie jeden Tag Rad, damit Sie fit bleiben ! 2. Rauchen Sie nicht, damit Sie Ihre Gesundheit nicht gefährden ! 3. Essen Sie täglich Joghurt, damit Sie lange leben ! 4. Trinken Sie Baldriantee, damit Sie leicht einschlafen ! 5. Schlafen Sie ausreichend, damit Sie leistungsfähig bleiben ! 6. Gehen Sie oft schwimmen, damit der Blutkreislauf aktiviert wird !

21 / 1. Sehen Sie sich die Tagesschau an, damit Sie gut informiert sind. 2. Setzen Sie eine Anzeige in unsere Zeitung, damit Sie den passenden Reisepartner finden! 3. Werden Sie ein Kunde unserer Bank, damit Sie eine günstige Finanzierung bekommen. 4. Schließen Sie bei uns eine Versicherung ab, damit Sie besser bei Unfällen geschützt sind. 5. Machen Sie einen Sprachlehrgang mit, damit Sie mehr Chancen auf dem europäischen Markt haben.

22 / 1. Das Theaterstück von Brecht war so gut inszeniert, daß alle davon begeistert waren. 2. Die Schauspieler spielten so ausgezeichnet, daß sie viel Applaus bekamen. 3. Der Beifall war so stürmisch, daß die Schauspieler immer wieder herausgerufen wurden. 4. Das Bühnenbild war so einfach, daß es der Phantasie viel Raum ließ. 5. Der Regisseur war so bekannt, daß Besucher aus ganz Europa gekommen waren.

23 / 1. Die Handlung war sehr banal, so daß sie kein Interesse aufkommen ließ. 2. Der Krimi war nicht spannend, so daß sich alle langweilten. 3. Die Schauspieler waren nicht natürlich, so daß sie nicht überzeugend wirkten. 4. Die Musik war sehr laut, so daß sie Kopfschmerzen verursachte.

5. Die Zuschauer waren empört, so daß sie den Saal vor dem Ende des Films verließen.

24 / 1. Max ist so klug, daß alle ihn bewundern. 2. Sie machten viel Lärm, so daß sich die Nachbarn beschwerten. 3. Christa hatte solche Kopfschmerzen, daß sie nach Hause gehen mußte. 4. Klaus war zu weit weg, so daß ich ihn nicht erkennen konnte. 5. Michael spielt so gut Schach, daß keiner ihn schlagen kann. 6. Das Hotel war sehr teuer, so daß wir nur eine Woche bleiben konnten.

25 / 1. Obwohl Peter gestern krank war, kam er ins Büro. 2. Obwohl Inge gut Tennis spielt, wurde sie von Claudia geschlagen. 3. Obwohl Beckers einen Fernseher haben, sehen sie selten fern. 4. Obwohl der Weg zur Uni weit ist, fährt Wolfgang mit dem Fahrrad hin. 5. Obwohl Klaus Anne liebt, hat er Karin geheiratet.

26 / 1. So gut sich Herr Schmidt auch in Paris auskennt (auskennen mag), er verfährt sich doch immer. 2. So gut Uwe sich auch auf die Prüfung vorbereitet hat (vorbereitet haben mochte), er hat sie doch nicht geschafft. 3. So leise Kerstin auch nach Hause kam (kommen mochte), ihre Mutter hat sie doch gehört. 4. So viel Kaffee Gisela auch trinkt (trinken mag), sie ist doch immer müde. 5. So schnell Peter auch fuhr (fahren mochte), er kam doch zu spät.

27 / 1. Wenn ihm der Arzt auch das Rauchen verboten hat, Max raucht immer noch so viel. 2. Wenn die Telefonpreise auch gestiegen sind, Silke telefoniert noch immer stundenlang. 3. Wenn das Flugzeug auch Verspätung hatte, Herr Schmidt kam rechtzeitig zu den Verhandlungen. 4. Wenn es im Supermarkt auch eine große Auswahl an Waren gibt, Birgit kauft lieber in einem kleinen Geschäft ein. 5. Wenn Max auch einen ganz alten Volkswagen hat, er möchte sich keinen neuen Wagen kaufen.

28 / 1. Her Grund mag eine noch so große Villa besitzen, sie ist ihm doch zu klein. 2. Seine Kinder mögen noch so lieb sein, er schimpft immer mit ihnen. 3. Er mag einen noch so interessanten Beruf haben, er ist immer unzufrieden. 4. Seine Nachbarn mögen noch so hilfsbereit sein, er mag sie nicht. 5. Er mag noch so viele Menschen kennen, er hat keine Freunde.

29 / 1. Paul mochte noch so geduldig sein, dieses Warten ärgerte ihn. 2. Obwohl er sich nicht an ihren Namen erinnert, hat er sie sofort wiedererkannt. 3. Wenn es auch dieses Jahr viel regnet, der See bleibt doch niedrig. 4. Sie mögen noch so sehr nach einer Wohnung suchen, sie finden keine. 5. Wohin er auch geht (gehen mag), ich folge ihm. 6. Wie dem auch sei, ich gehe heute abend aus.

Evaluation 18 / 1c ; 2b ; 3a ; 4b ; 5c ; 6a ; 7b ; 8c ; 9a ; 10b ; 11c ; 12b ; 13a ; 14c ; 15c ; 16 a ; 17 a; 18b ; 19c ; 20b

---

Maquette intérieure : **G. Brevière**
Mise en pages : **N. Grimaud**

Imprimé en France, par l'Imprimerie Hérissey - 27000 Évreux (Eure)
Dépôt légal : 37822 - Mai 2008 - N° d'impression : 108300